Janina Hillenhagen

Instrumente des Hochschulmarketings

Handlungsempfehlungen für Unternehmen für das Rekrutieren von qualifizierten Fach- und Führungskräften

Diplomica Verlag GmbH

Hillenhagen, Janina: Instrumente des Hochschulmarketings: Handlungsempfehlungen für Unternehmen für das Rekrutieren von qualifizierten Fach- und Führungskräften, Hamburg, Diplomica Verlag GmbH 2014

Buch-ISBN: 978-3-8428-9006-0
PDF-eBook-ISBN: 978-3-8428-4006-5
Druck/Herstellung: Diplomica® Verlag GmbH, Hamburg, 2014

Bibliografische Information der Deutschen Nationalbibliothek:
Die Deutsche Nationalbibliothek verzeichnet diese Publikation in der Deutschen Nationalbibliografie; detaillierte bibliografische Daten sind im Internet über http://dnb.d-nb.de abrufbar.

Hermannstal 119k, 22119 Hamburg
http://www.diplomica-verlag.de, Hamburg 2014
Printed in Germany

I. INHALTSVERZEICHNIS

II. ABBILDUNGSVERZEICHNIS

III. TABELLENVERZEICHNIS

1. EINLEITUNG

Jedes dritte Unternehmen sieht laut einer Umfrage der deutschen Industrie- und Handelskammer die wirtschaftliche Entwicklung durch den Fachkräftemangel in Gefahr. Große international ausgerichtete Unternehmen haben insbesondere Schwierigkeiten bei der Bereitstellung von sowohl technisch-mathematisch versierten Fachkräften als auch Fachpersonal mit Sprachkenntnissen und internationalen Kompetenzen, die auf internationalen Märkten agieren können.[1]
Auch die OECD bestätigt in einem Bildungsbericht, dass Deutschland im Vergleich zu anderen Ländern weder die Zahl der Hochschulabsolventen steigern konnte noch die Zahl der Geringqualifizierten stark reduzieren konnte. Die Nachfrage nach Hochschulabsolventen ist jedoch weltweit gestiegen aufgrund der gestiegenen Qualifikationsanforderungen in der Wirtschaft. Generell weist der Bericht aber nicht nur auf einen Mangel von Akademikern, sondern auch Meistern, Technikern und anderen qualifizierten Fachkräften hin.[2]
Somit steigt der Wettbewerb nicht nur in Bezug auf den Verkauf der eigenen Erzeugnisse oder Dienstleistungen, sondern auch in Hinsicht auf die Mitarbeiter, um langfristig gesehen wirtschaftliche Erfolge verzeichnen zu können. Qualifizierte Mitarbeiter bieten Unternehmen folglich einen dauerhaften Wettbewerbsvorteil gegenüber der Konkurrenz.[3]
Aufgrund des Ungleichgewichts von Arbeitskräfteangebot und –nachfrage ist es unabdingbar, dass ein Umdenken in der Personalpolitik stattfindet. Das Personalmarketing, das die veränderten Bedingungen auf dem Arbeitsmarkt berücksichtigt, stellt eine Möglichkeit für Unternehmen dar, um potenzielle Arbeitnehmer zu gewinnen.[4] Hierbei werden die Grundgedanken und Instrumente des Absatzmarketings auf die Personalpolitik übertragen.[5]
Damit sich jedoch potenzielle Arbeitnehmer für ein bestimmtes Unternehmen entscheiden, ist es von Bedeutung, dass dieses sich attraktiv am Arbeitsmarkt positioniert, so dass es sich zum bevorzugten Arbeitgeber entwickelt. Hierbei ist

[1] Vgl. Deutscher Industrie- und Handelskammertag (2011): DIHK Mittelstandsreport. [online] Homepage: DIHK URL.
http://www.dihk.de/ressourcen/downloads/mittelstandsreport-2011
[PDF-Datei, S. 22] [Stand 23.03.2012]
[2] Vgl. Tagesschau: Bildungsbericht der OECD. [online] Homepage: Norddeutscher Rundfunk. URL: http://www.tagesschau.de/inland/oecd160.html [Stand 23.03.2012]
[3] Vgl. Stotz/Wedel (2009), S. 1
[4] Vgl. Dietmann (1993), S. 90
[5] Vgl. Weber et al. (1993) zit. nach Simon et al. (1995), S. 13

es wichtig eine starke Arbeitgebermarke und ein positives Image aufzubauen, um sich von den Mitbewerbern zu differenzieren.[6]
Die vorliegende Thesis setzt ihren Fokus aufgrund der Situation auf dem Arbeitsmarkt und angesichts der gestiegenen Nachfrage nach Hochschulabsolventen auf das Hochschulmarketing, um Hochschulabsolventen zu rekrutieren. Die Idee des Hochschulmarketings stellt ein Mittel dar, um den angespannten Arbeitsmarkt zu umgehen, indem Bewerber direkt in ihren Lehrstätten angesprochen werden können. Besonders die stark umworbene Zielgruppe der Fach- und Führungskräfte kann an Hochschulen erreicht werden. Des Weiteren sind die Maßnahmen des Hochschulmarketings vergleichsweise kostengünstig, da Hochschulen es ermöglichen, eine homogene Zielgruppe zu erreichen. Aufgrund dieser inhaltlichen Eingrenzung wird in dieser Arbeit Personalmarketing lediglich als externes Rekrutierungsinstrument behandelt.
Diese Thesis verfolgt das Ziel, Einblicke in die Instrumente des Hochschulmarketings zu geben. Dieses Hauptziel soll aufgrund einer empirischen Studie zur Thematik des Personalmarketings, in welcher Instrumente des Hochschulmarketings untersucht und besonders geeignete herausgestellt werden, unterstützt werden. Hierbei werden Unternehmens- und Arbeitgebercharakteristika, die den Studierenden besonders wichtig sind, dargestellt. Anhand der festgestellten Erwartungen und Präferenzen der Studierenden können Gestaltungsempfehlungen hinsichtlich der Kommunikation mit Hochschulabsolventen für Unternehmen gegeben werden, um ausreichend qualifizierte Fach- und Führungskräfte bereitstellen zu können.
Die vorliegende Untersuchung ist in vier Teile unterteilt. Der erste Teil beinhaltet die Einleitung, in der die Aktualität des Hochschulmarketings verdeutlicht wird, die Problemstellung angesprochen und die Zielsetzung sowie der Aufbau der Arbeit beschrieben wird. Der zweite Teil befasst sich mit den theoretischen Grundlagen. Zu Beginn werden relevante Fachbegriffe definiert. Darauffolgend wird die Entwicklung sowohl am Arbeitsmarkt, Hochschulmarkt als auch im Unternehmensumfeld angesprochen und die sich daraus resultierenden Herausforderungen für das Personalmarketing charakterisiert. Im Anschluss werden die Ziele des Personalmarketings erläutert. Weiterhin wird auf den Personalmarketing-Mix näher eingegangen, auf welchem das Hochschulmarketing basiert. Hierbei werden die Instrumente des Personalmarketing-Mix, die Produkt-, Preis-, Distributions- und Kom-

[6] Vgl. Stotz/Wedel (2009), S. 2

munikationspolitik, beschrieben. Danach folgt die Auseinandersetzung mit dem Hochschulmarketing und dessen Elemente. Zunächst werden die Ziele des Hochschulmarketings angesprochen und im Anschluss werden die einzelnen Instrumente präsentiert und deren Einsatz aufgezeichnet. Abschließend wird auf die Trends im Hochschulmarketing eingegangen. Der dritte Teil beinhaltet eine empirische Untersuchung, die an der Universität Flensburg am Internationalen Institut für Management zum Thema Hochschulmarketing durchgeführt wurde. Diese quantitative Studie soll zeigen, welche Unternehmens- und Arbeitgebereigenschaften bei Studierenden als positiv empfunden werden, welche Informationskanäle genutzt werden, um sich über zukünftige Arbeitgeber zu informieren und wie das Arbeitgeberimage die Wahl des Arbeitgebers beeinflusst. Im vierten und letzten Teil werden Empfehlungen hinsichtlich des Hochschulmarketings ausgesprochen und die gesamte Arbeit zusammengefasst.

Aus Vereinfachungsgründen wird in der vorliegenden Untersuchung lediglich die männliche Form verwendet. Selbstverständlich sind jedoch jeweils immer beide Geschlechter gemeint.

2. BEGRIFFLICHE DEFINITIONEN

Das Personalmarketing wurde im Verlauf der letzten 40 Jahre in der Literatur immer dann bedeutsam, wenn die Nachfrage nach qualifizierten Arbeitskräften größer war als das Angebot. Erstmalig erschien der Begriff des Personalmarketings Anfang der 70er Jahre und wurde vom klassischen Marketingkonzept abgeleitet.[7] Zunächst waren Werbebüros im Personalmarketingbereich tätig. Diese Tätigkeit beschränkte sich aber auf die Erstellung von Stellenanzeigen, so dass der Begriff auf Personalwerbung reduziert wurde. Danach wurde der Begriff des Personalmarketings inhaltlich erweitert und berücksichtigte die Personalbeschaffung und die mitarbeiterorientierte Personalpolitik.[8]
Bei der Überführung des klassischen Marketingkonzeptes auf das Personalmarketing steht der Austauschprozess im Vordergrund.[9] Da beim Marketingbegriff der Kunde im Mittelpunkt steht, erfolgte auch eine Veränderung der Sichtweise, indem der Mitarbeiter als Kunde angesehen wird.[10] Diese Übertragung des Marketingkonzeptes auf das Personalmarketing ist jedoch kritisch zu betrachten. Als Gemeinsamkeit verfolgen sowohl das Absatzmarketing als auch das Personalmarketing das Ziel, einen Kunden bzw. einen Mitarbeiter zu erhalten. Der Unterschied liegt jedoch in der Reichweite der Entscheidung. Die Entscheidung für oder gegen den Eintritt in ein Unternehmen weist schwerwiegendere Konsequenzen auf als der Beschluss über den Kauf eines Produktes, da sich diese Entscheidung nicht auf das persönliche und soziale Umfeld einer Person auswirkt und keine Verpflichtungen mit sich bringt.[11]

In der Literatur wird der Begriff Personalmarketing auf verschiedenste Weisen interpretiert und definiert.[12] Es wird sogar kritisiert, dass der Begriff Personalmarketing irreführend sei, da kein Personal, sondern Arbeitsplätze vermarktet werden.[13] Wunderer definiert Personalmarketing als „die Kunst, attraktive und effiziente Arbeitsbedingungen zu analysieren, zu gestalten und zu kommunizieren“.[14]

[7] Vgl. Fröhlich (2004), S. 15
[8] Vgl. Moser (1993), S. 15
[9] Vgl. Simon et al. (1995), S. 13
[10] Vgl. Fröhlich (2004), S. 16
[11] Vgl. Strutz (1993), S. 14
[12] Vgl. Simon et al. (1995), S. 13
[13] Vgl. Strutz (1992) S. 13
[14] Wunderer (1995), S. 345

Diese Definition beinhaltet jedoch nicht die Intention des Personalmarketings, die Personalgewinnung. Auch Scholz berücksichtigt in seiner Definition nicht jene Zielsetzung und versteht Personalmarketing als „(...) bewusste und zielgerichtete Anwendung personalpolitischer Instrumente zur Schaffung einer positiven Einstellung bei gegenwärtigen und zukünftigen Mitarbeitern."[15] Gegenüber Wunderers Definition spricht Scholz die Bildung einer positiven Haltung an und bezieht sich somit indirekt auf die Imagearbeit, die wichtig für ein Unternehmen ist, um positiv in der Öffentlichkeit wahrgenommen zu werden. Simon dagegen bezieht in seiner Definition die Personalgewinnung mit ein und definiert Personalmarketing wie folgt: „Personalmarketing ist die Orientierung der gesamten Personalpolitik eines Unternehmens an den Bedürfnissen von gegenwärtigen und zukünftigen Mitarbeitern mit dem Ziel, gegenwärtige Mitarbeiter zu halten, zu motivieren und neue Mitarbeiter zu gewinnen."[16] Strutz beachtet zusätzlich zur Personalgewinnung und zur Bildung eines positiven Images, die Wettbewerbssituation am Arbeitsmarkt und macht deutlich, dass ein Unternehmen einem zukünftigen Mitarbeiter Präferenzen einräumen sollte. Deswegen wird in der vorliegenden Untersuchung Personalmarketing angesehen als „(...) die Kombination von Maßnahmen, die Mitarbeiter eines Unternehmens dazu veranlassen, in diesem Unternehmen zu bleiben und motiviert Leistung zu erbringen und externe Bewerber klar definierter Zielgruppen dazu veranlassen, von diesem Unternehmen angebotene Arbeitsplätze nachzufragen und ihnen eine Präferenz gegenüber Konkurrenzunternehmen einzuräumen."[17] Personalmarketing bezieht sich somit sowohl auf potenzielle Mitarbeiter, als auch auf die bereits vorhandenen Mitarbeiter in einem Unternehmen.[18]

[15] Scholz (1993), S. 600
[16] Simon et al. (1995), S. 13
[17] Reich (1993), S. 164
[18] Vgl. Moser (1993), S. 15

3. HERAUSFORDERUNGEN FÜR DAS PERSONALMARKETING

In der unten abgebildeten Grafik lassen sich die verschiedenen Einflussgrößen, die sich auf das Personalmarketing auswirken, erkennen. Im weiteren Verlauf dieser Untersuchung wird dargestellt, welche Konsequenzen sich aus den einzelnen Faktoren für das Personalmarketing ergeben und warum es als sinnvoll erscheint dieses an Hochschulen zu betreiben.

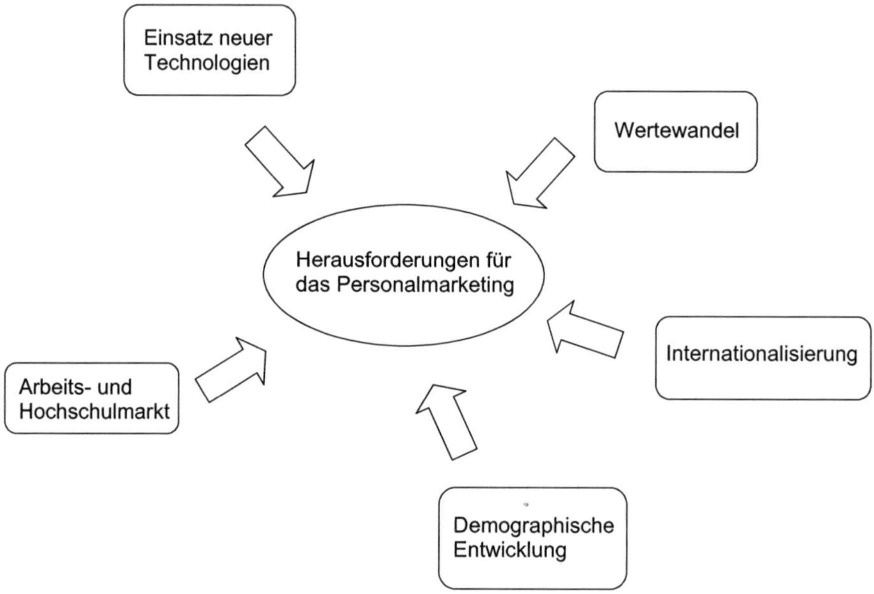

Abbildung 1: Herausforderungen für das Personalmarketing (in Anlehnung an Scholz (1993), S.3)

3.1 Einsatz neuer Technologien

Neue Technologien kommen verstärkt in allen Unternehmensbereichen zum Einsatz. Erneuerungen in der Technologie dienen einerseits der Fortentwicklung von Produkten und andererseits der Verbesserung der Produktherstellung[19] und sind unentbehrlich, um langfristig wettbewerbsfähig zu bleiben.[20] Insbesondere die Computertechnik nimmt einen immer höheren Stellenwert im Betriebsalltag ein

[19] Vgl. Scholz (1993), S. 15
[20] Vgl. Ridder (1988), S. 123

und ist längst noch nicht vollständig ausgeschöpft. Es wird behauptet, dass sich durch die Verbreitung von Informations- und Kommunikationstechnologien in allen Berufszweigen die Nachfrage nach höher qualifiziertem Personal steigert und sich die Nachfrage nach Ungelernten vermindert.[21] Mittlerweile werden Computer-, Software- und Fremdsprachenkenntnisse von einem Großteil der Mitarbeiter erwartet.[22] Ebenso ist Strutz der Auffassung, dass sich aufgrund des technologischen Fortschrittes nicht nur der Aufgabenbereich verändert, sondern auch die Anforderungen, so dass immer höhere Ansprüche gestellt werden.[23] Diese Prognose stellte auch das Institut für Arbeitsmarkt- und Berufsforschung bereits im Jahr 1999 fest. Die Grafik zeigt, dass sich der Bedarf nach höherqualifizierten Tätigkeiten, wie z. B. Führungsaufgaben, Management, Forschung und Entwicklung) erhöht und einfache Tätigkeiten sowie Hilfstätigkeiten, wie z. B. (Reinigung, Hilfstätigkeiten in der Produktion) sinkt. Dieser Trend wird sich auch weiterhin fortsetzen.[24]

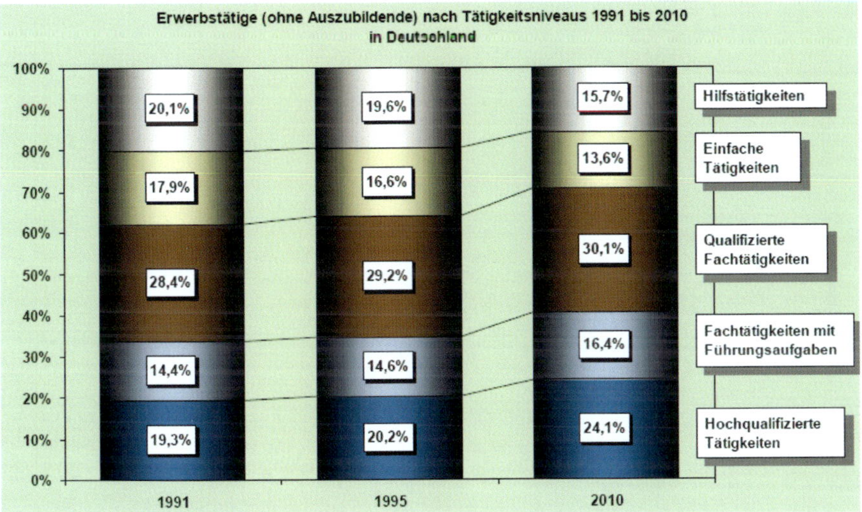

Quelle: IAB/Prognose Projektion 1999

Abbildung 2: Verteilung der Erwerbstätigen nach Tätigkeitsniveau

[21] Vgl. Dreisig (2005), S. 121ff.
[22] Vgl. Scholz (1993), S. 16
[23] Vgl. Strutz (1992), S. 7
[24] Vgl. Simon et al. (1995), S. 38f.

Laske et al. hingegen vertreten eine andere Meinung und zwar, dass man nicht von höheren Qualifikationen sprechen kann, sondern lediglich von einer Veränderung der Qualifikationen.[25]
Trotz des Einwandes von Laske et al. lässt sich schlussfolgern, dass durch den Wandel der Technologie die Anforderungen steigen und folglich Mitarbeiter, die höhere Qualifikationen aufweisen, gesucht werden und somit Hochschulabsolventen zu einer bevorzugten Zielgruppe der Unternehmen werden.

3.2 Wertewandel

Viele Forschungsprojekte und Publikationen befassen sich mit dem Wertewandel. Scholz definiert Werte als „[...] kognitive Präferenzstrukturen, die als Entscheidungsregeln fungieren und so das Verhalten steuern.“[26] Wertesysteme verändern sich mit der Zeit und insbesondere jüngere Menschen verknüpfen andere Wertvorstellungen mit ihrer Arbeit.[27] Die Ursachen für diese Veränderungen können nicht eindeutig benannt werden. Sicherlich beeinflussen einerseits die Medien und andererseits die Erziehung die Wertevorstellungen. Aber auch die Art der Tätigkeit, die ein Berufstätiger verrichtet, übt Einfluss auf die Wertvorstellungen aus. So kann eine unbefriedigende Arbeitstätigkeit dazu verleiten, dass der Wunsch entsteht sich in der Freizeit zu verwirklichen und vice versa. An dieser Stelle werden nur zwei Thesen angeführt, da diese inhaltlich in der vorliegenden Untersuchung berücksichtigt werden. Die Bildungshypothese besagt, dass aufgrund höherer Bildung postmaterielle Werte in den Vordergrund rücken. Auch die Altersstrukturhypothese besagt, dass bei einer Verjüngung der Bevölkerung postmaterielle Werte an Bedeutung gewinnen.[28] Diese beiden Thesen können von v. Rosenstiel und Stengel durch eine Studie, in der besonders jüngere Personen, die überdurchschnittlich gebildet sind, einen Wertewandel aufweisen, bestätigt werden.[29]
Veränderungen konnten zum Beispiel im Zusammenhang der Stunden, die in der Freizeit und die auf der Arbeit (einschließlich Arbeitsweg) verbracht wurden, festgestellt werden. So nahm 1950 die Zeit, die auf der Arbeit verbracht wurde, ge-

[25] Vgl. Laske et al. (1991), S. 31
[26] Scholz (1993), S. 5
[27] Vgl. Strutz (1992), S. 7
[28] Vgl. Stengel (1991), S. 560f.
[29] Vgl. Schwaab (1993), S. 20

messen an den jährlich verfügbaren Lebensstunden, noch 31% ein. Im Jahr 1990 sank dieser Anteil jedoch bereits auf 22%. Zudem wurden mehr Mitsprache- und Entscheidungsrechte in der Arbeitswelt von den Berufstätigen gefordert.[30]
Für Unternehmen ist es daher unabdingbar auf diese Veränderungen zu achten und Konflikte zu vermeiden. Laut Scholz bedeutet dies aber nicht, dass sich Unternehmen immer neuen Wertesystemen anpassen sollen.[31]

Eine Studie von Noelle-Neumann aus dem Jahr 1985 zeigt, dass im Jahr 1956 59% der Gesamtbevölkerung das „Leben als Aufgabe" sehen und lediglich 28% das Leben genießen möchten. Im Jahr 1982 stieg die Zahl derer, die das Leben genießen möchten bereits auf 36% und die Zahl derer, die das „Leben als Aufgabe" sehen und somit etwas leisten möchten, reduzierte sich auf 43%. Die Studie zeigt außerdem, dass besonders die unter 30-jährigen das Leben genießen möchten.[32]
Auch Opaschowski verdeutlicht mit seiner Studie aus dem Jahr 1981, dass sich immer mehr Berufstätige in der Freizeit verwirklichen wollen. In einer weiteren Studie aus dem Jahr 1989 belegt er aber, dass sich mittlerweile die Berufstätigen nicht nur in der Freizeit verwirklichen wollen, sondern auch in ihrer Arbeit.[33]
Dies kann eine Studie von Inglehart unterstützen, indem er darstellt, dass aufgrund einer Sättigung der Anreizsysteme wie Entlohnung, die postmateriellen Werte wie Selbstverwirklichung und Sozialstatus, materielle Werte in den Hintergrund drängen und somit an Bedeutung zunehmen.[34]
Klages stellt in seiner Untersuchung von 1984 einen ähnlichen Sachverhalt fest. Das Streben nach Werten der Selbstentfaltung (z. B. Toleranz, Selbstständigkeit) gewinnt an Bedeutung, Pflicht- und Akzeptanzwerte (z.B. Disziplin, Gehorsam, Fleiß, Treue, Pünktlichkeit) jedoch rücken zunehmend in den Hintergrund.[35]
Von Rosenstiel führte eine Umfrage mit Führungskräften und dem Führungsnachwuchs durch. Er befragte beide Gruppen, welche Ziele Unternehmen verfolgen und welche sie verfolgen sollten. Beide Gruppen waren sich einig, dass Unternehmen Ziele wie Gewinnerhöhung, Steigerung der Wirtschaftlichkeit und den

[30] Vgl. Strutz (1992), S. 7
[31] Vgl. Scholz (1993), S. 5
[32] Vgl. Noelle-Neumann/Strümpel (1985), S. 11
[33] Vgl. Opaschowski (1989), S. 12
[34] Vgl. Inglehart (1970), S. 280ff.
[35] Vgl. Klages (1984), S. 18

technischen Progress verfolgen. Unternehmen sollten aber laut Aussagen der Führungskräfte und des –nachwuchs umweltpolitische Ziele verfolgen und die Arbeitsplätze sichern. Auch hier zeigt sich, dass besonders verstärkt der Führungsnachwuchs für diese Ziele plädiert.[36]
Es ist jedoch anzumerken, dass heutzutage kaum ein einheitliches Wertemuster zu erkennen ist, so dass von einer Wertepluralisierung gesprochen wird. Die Werte haben sich in die verschiedensten Richtungen entwickelt und sind häufig auch nur kurzfristige Modeerscheinungen.[37]

Zusammenfassend können folgende Trends beobachtet werden: Die Arbeit wird nicht länger als Pflicht angesehen, sondern der Wunsch nach mehr Selbstverwirklichung sowohl in der Arbeit als auch in der Freizeit wächst. Es besteht insbesondere der Wunsch Kreativität und eigene Fähigkeiten sowie Neigungen in die Arbeitswelt mit einbringen zu können. Die Freizeit und der Lebensgenuss gewinnen zudem an Bedeutung. Die Werte der Industrialisierung werden jedoch in Frage gestellt und es findet keine bloße Unterwerfung mehr statt. Außerdem werden gesundheitliche Aspekte sowie der Umweltschutz immer wichtiger.[38]

Es wird daher postuliert, dass Unternehmen sich hinsichtlich des Wertewandels neuorientieren müssen und diese Veränderungen im Arbeitsalltag berücksichtigt werden müssen.[39] Das Angebotsverhalten der Arbeitnehmer wird sich hinsichtlich des Wertewandels verändern, so dass Unternehmen dies in ihrer Personalpolitik berücksichtigen und nach außen im Rahmen des Personalmarketings kommunizieren müssen, um als attraktiver Arbeitgeber zu gelten. Daher ist es wichtig sich ein positives Arbeitgeberimage aufzubauen und dieses zu pflegen. Diese Werteveränderungen beziehen sich vor allem auf Arbeitsbedingungen, Führungsverhalten und Arbeitsinhalte. Größere Handlungsspielräume und anspruchsvollere Tätigkeiten könnten dem Wunsch nach mehr Selbstverwirklichung gerecht werden. Flexiblere Arbeitszeiten könnten dazu dienen, dass Arbeit und Freizeit in einen besseren Einklang gebracht werden können.[40] Strutz wünscht sich zukünftig generell mehr Kreativität sowohl von Arbeitgebern als auch –nehmern hinsichtlich der

---

[36] Vgl. v. Rosenstiel/Stengel (1987), S. 118ff.
[37] Vgl. Breisig (2005), S. 104
[38] Vgl. v. Rosenstiel (1989), S. 52f.
[39] Vgl. Scholz (1993), S. 9
[40] Vgl. Schwaab (1993), S. 33

Arbeitsgestaltung.[41] In folgender Tabelle wird aufgezeigt, welche Maßnahmen in Frage kommen, um den veränderten Wertvorstellungen Rechnung zu tragen. Die Aufgabe des Personalmarketings ist es, diese durchgeführten Maßnahmen nach außen zu kommunizieren, um das Interesse von potentiellen Arbeitnehmern für eine vakante Stelle bzw. für ein Unternehmen zu wecken, so dass diese ein bestimmtes Unternehmen Präferenzen gegenüber anderen Unternehmen einräumen.

Werte	**Maßnahmen**
Selbstentfaltung	Delegation von Verantwortung
Demokratie	Mitsprache der Mitarbeiter, gruppenbezogene Arbeitsformen
Individualisierung	Entkopplung von Arbeitszeit und Betriebszeit
kommunikative Tugend	Projekt- und Teammanagement
Karriereorientierung	Weiterbildung
Selbstständigkeit	Eigenverantwortliche Personalentwicklung

Tabelle 1: Maßnahmen hinsichtlich der Werteveränderung (In Anlehnung an Scholz (1993), S. 10)

3.3 Internationalisierung

Durch die anhaltende Globalisierung verschmelzen die Märkte immer mehr miteinander. Dies hat für Unternehmen die Folge, dass die Aktivitäten im Ausland zunehmen und neue Tätigkeitsbereiche erschaffen werden. Neuartige Aufgabenfelder, die aus der Internationalisierung resultieren, sind das internationale Marketing, internationale Steuerpolitik, die Koordination der Tochtergesellschaften und die organisatorische Einbindung der Auslandstätigkeit in den Handlungsablauf des Gesamtunternehmens.[42] Aufgrund des hohen Tätigkeitniveaus der genannten Aufgabenbereiche kann impliziert werden, dass sich vor allem Hochschulabsolventen für diese Tätigkeiten eignen. Eine weitere Konsequenz der Internationalisierung ist, dass die Nachfrage nach Mitarbeitern mit kulturellen Kompetenzen steigt, um mögliche Konflikte und Missverständnisse zu vermeiden. In Kapitel 3.5 wird außerdem dargestellt, dass sich viele Studierende bereits während ihres Studiums international orientieren.

[41] Vgl. Himmelreich (1993), S. 42
[42] Vgl. Scholz (1993), S. 19

Insbesondere durch den europäischen Binnenmarkt, der seit 1993 existiert, stoßen Unternehmen nicht nur auf Vorteile, sondern auch auf Nachteile. Als vorteilhaft stellt sich der einheitliche Wirtschaftsraum mit über 320 Millionen Verbrauchern dar.[43] Dies bedeutet, dass es keine Barrieren hinsichtlich des Warentransports gibt und die Kommunikationspolitik erleichtert wird.[44] Durch den Wegfall von Ausfuhrdokumenten und Zollabgaben können Kosten eingespart werden. Nachteilig kann sich jedoch die freie Arbeitsplatz- und Niederlassungswahl auswirken, da Arbeitskräfte verstärkt abwandern werden. Franke befürchtet, dass vor allem Personen mit einer höheren Ausbildung eine größere Mobilitätsbereitschaft aufweisen, so dass insbesondere Hochschulabsolventen abwandern werden.[45]

3.4 Demografische Entwicklung

In Deutschland zeigt sich seit Jahren ein eindeutiger Trend dahingehend, dass die Bevölkerung stark altert und bereits seit 2003 nimmt die Bevölkerungszahl ab.[46] Diese Tendenz weist, abgesehen von der Abwanderung, vor allem zwei Ursachen auf. Auf der einen Seite ist die Geburtenrate mit 1,4 Kindern pro Frau im Jahr 2011 sehr niedrig und auf der anderen Seite steigt die Lebenserwartung stetig. In den Jahren 2006/2008 lag die Lebenserwartung bei der Geburt bei Männern bei 77,2 Jahren und bei Frauen bei 82,4 Jahren. Es wird prognostiziert, dass Männer die im Jahr 2060 geboren werden eine Lebenserwartung von 85 Jahren haben und Frauen eine von 89,2 Jahren. Laut dieser Annahme steigt die Lebenserwartung in den nächsten fünf Jahrzehnten um sieben bis acht Jahren. Grundlage dieser Annahme ist eine Kombination aus der kurzfristigen Trendentwicklung seit 1970 und aus der langfristigen Trendentwicklung seit 1871.[47] Andere Annahmen

---

43 Vgl. Dietmann (1992), S. 23
44 Vgl. Scholz (1993), S. 15
45 Vgl. Franke (1990), S. 285 ff.
46 Vgl. Bundesministerium des Innern (2011): Demografiebericht [online] Homepage: Bundesministerium des Innern URL:
http://www.bmi.bund.de/SharedDocs/Downloads/DE/Broschueren/2011/demografiebericht.pdf?__blob=publicationFile
[PDF-Datei, S. 8;56] [Stand 20.04.2012]
47 Vgl. Statistisches Bundesamt (2009): Bevölkerung Deutschlands bis 2060 [online] Homepage: Statistisches Bundesamt URL:
http://www.bmi.bund.de/SharedDocs/Downloads/DE/Themen/Politik_Gesellschaft/DemographEntwicklung/bev%C3%B6lkerungsentwicklung_2060.pdf?__blob=publicationFile [PDF-Datei, S. 25ff.] [Stand 20.04.2012]

prognostizieren sogar eine noch höhere Lebenserwartung bei Personen, die im Jahr 2060 geboren werden.

Das unten abgebildete Schaubild resultiert aus der 12. koordinierten Bevölkerungsvorausberechnung des statistischen Bundesamtes von 2006. In diesem Fall liegt eine Berechnung auf Basis der mittleren Bevölkerungsuntergrenze vor. Hier wird von einem Wanderungssaldo von 100.000 ab 2014 und von einer Geburtenziffer von 1,4 ausgegangen.[48]

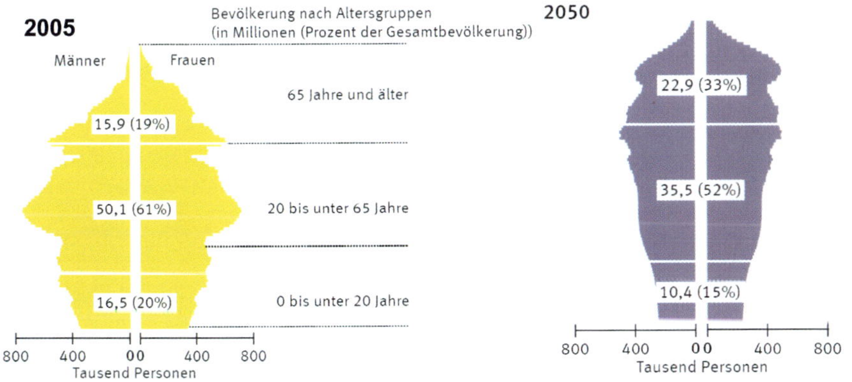

Quelle: Statistisches Bundesamt

Abbildung 3: Bevölkerungsentwicklung

Die 20 – 64-jährigen werden 52% im Jahr 2050 darstellen. Die Gruppe der 0 – 19-jährigen wird im Jahr 2050 lediglich 15% ausmachen. Mehr als doppelt so groß wird die Gruppe der über 64-jährigen sein mit 33%. Im Jahr 2005 hingegen gab es noch mehr unter 20-jährige als über 65-jährige. Im Vergleich zu 2005 wird auch die Gruppe der 20 - 64-jährigen um 9% schrumpfen.[49] Insgesamt wird die Bevölkerungszahl voraussichtlich auf 68,8 Millionen Einwohner sinken.

Diese demografische Entwicklung wird sich auch auf die Wirtschaft auswirken, da sich die Zahl der Erwerbstätigen (Personen zwischen 20-64 Jahren) reduzieren

[48] Vgl. Bundesministerium des Innern (2011): Demografiebericht [online] Homepage: Bundesministerium des Innern URL.
http://www.bmi.bund.de/SharedDocs/Downloads/DE/Broschueren/2011/demografiebericht.pdf?__blob=publicationFile
[PDF-Datei, S. 32] [Stand 20.04.2012]

[49] Vgl. Statistisches Bundesamt (2006): Bevölkerung Deutschlands bis 2050 [online] Homepage: Statistisches Bundesamt URL:
https://www.destatis.de/DE/PresseService/Presse/Pressekonferenzen/2006/Bevoelkerungsentwicklung/bevoelkerungsprojektion2050.pdf?__blob=publicationFile [PDF-Datei, S. 17] [Stand 22.04.2012]

wird und somit das Arbeitskräfteangebot sinkt.[50] Hierauf wird im nächsten Abschnitt gesondert eingegangen und ebenso wird der Qualität des Arbeitskräfteangebots besondere Bedeutung zukommen, da die Zielgruppe in dieser Untersuchung die Akademiker sind.
Letztendlich kann gesagt werden, dass sich aufgrund der demografischen Entwicklung die Wettbewerbssituation verschärfen wird, sowohl innerhalb einer Branche als auch branchenübergreifend.[51]

3.5 Arbeits- und Hochschulmarkt

Das quantitative Arbeitskräfteangebot lässt sich aus der allgemeinen demografischen Entwicklung herleiten.[52] Auch hier lässt sich erkennen, dass sich die Altersstruktur der Erwerbstätigen nach oben verschiebt und die Anzahl der Erwerbstätigen sinken wird. Böhme befürchtet jedoch, dass die älteren Erwerbstätigen Schwierigkeiten im Umgang mit neuen Technologien haben.[53] Im Jahr 2011 betrug die Anzahl der Personen im Erwerbsalter (20 bis 64 Jahre) fast 50 Millionen. Es wird laut Berechnung der Untergrenze der „mittleren" Bevölkerung prognostiziert, dass im Jahr 2050 diese Zahl lediglich 35,7 Millionen betragen wird.[54] Im Jahr 2008 waren noch 49% der Personen im erwerbsfähigen Alter zwischen 30 und 49 und 31% waren zwischen 50 und 64 Jahre alt. Zu der Altersgruppe 20 bis 29 Jahren gehörten ungefähr 20%. Der Anteil der jüngsten Altersgruppe bleibt zunächst stabil, sinkt aber langsam mit der Zeit. Der Anteil der 50 – 64-Jährigen steigt zunächst, während der Anteil der Altersgruppe der 30 - 49-Jährigen sinkt,

---

[50] Vgl. Bundesministerium des Innern (2011): Demografiebericht [online] Homepage: Bundesministerium des Innern URL:
http://www.bmi.bund.de/SharedDocs/Downloads/DE/Broschueren/2011/demografiebericht.pdf?__blob=publicationFile
[PDF-Datei, S. 8] [Stand 22.04.2012]
[51] Vgl. Strutz (1992), S. 6
[52] Vgl. Simon et al. (1995), S. 25
[53] Vgl. Böhme (1988), S. 57
[54] Vgl. Statistisches Bundesamt (2009): Bevölkerung Deutschlands bis 2060 [online] Homepage: Statistisches Bundesamt URL:
http://www.bmi.bund.de/SharedDocs/Downloads/DE/Themen/Politik_Gesellschaft/DemographEntwicklung/bev%C3%B6lkerungsentwicklung_2060.pdf?__blob=publicationFile [PDF-Datei, S. 45] [Stand 22.04.2012]

so dass zwischen 2017 und 2024 der Anteil beider Altersgruppen bei etwa 40% liegt. Langfristig sinkt aber die Anzahl aller Altersgruppen.[55]

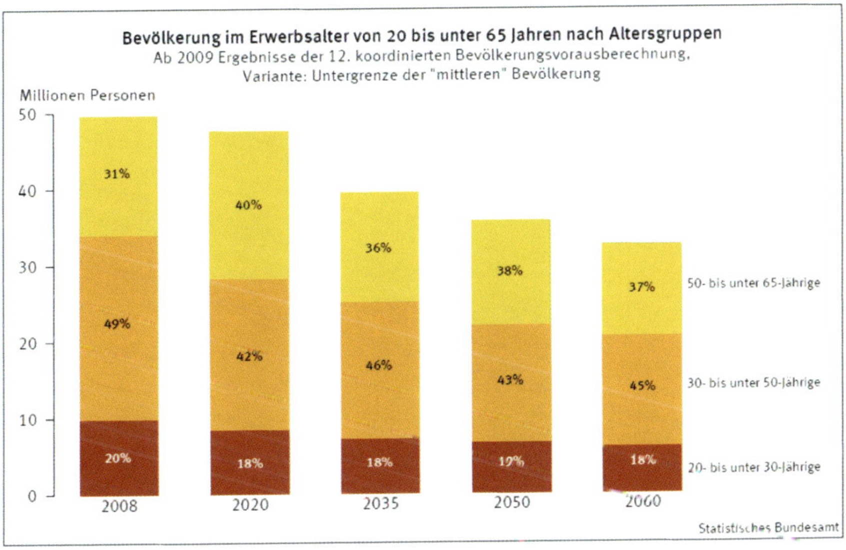

Quelle: Egeler (2009), S. 11

Abbildung 4: Bevölkerung im Erwerbsalter von 20 bis unter 65 Jahren nach Altersgruppen

Um jedoch Aussagen über die Qualität des Arbeitskräfteangebots treffen zu können, ist es unabdingbar auf die Bildungssituation einzugehen. Generell lässt sich sagen, dass der Trend zu höherwertigen Bildungsabschlüssen führt, so dass kurzfristig die Anzahl der Absolventen mit (Fach-)Hochschulreife steigt. Langfristig gesehen sinkt aber die Anzahl dieser Absolventen aufgrund der demografischen Entwicklung.[56] Stotz und Wedel werten jedoch die Entwicklung zu dem vermehrten Erlangen der (Fach-)Hochschulreife ab, indem sie das sinkende Bildungsniveau bemängeln.[57]

---

[55] Vgl. Statistisches Bundesamt (2009): Bevölkerung Deutschlands bis 2060 [online] Homepage: Bundesministerium des Innern URL: http://www.bmi.bund.de/SharedDocs/Downloads/DE/Themen/Politik_Gesellschaft/DemographEntwicklung/bev%C3%B6lkerungsentwicklung_2060.pdf?__blob=publicationFile [PDF-Datei, S. 18f.] [Stand 22.04.2012]

[56] Vgl. Simon et al. (1995), S. 32

[57] Vgl. Stotz/Wedel (2009), S. 2

Die Zahl der Schulabsolventen mit Studienberechtigung wird bis 2013 auf 518.800 steigen. Danach sind die Zahlen rückläufig und sinken bis zum Jahr 2025 auf einen Stand von 413.880.[58]

Die Zahl der Studienanfänger wiederum hat ihren Höchststand bereits im Jahr 2011 mit 516.000 erreicht und sinkt bis 2025 ungefähr auf das Niveau von 2009 von 421.900.[59] Insgesamt hat sich die Zahl der Studierenden seit 1997 bis 2010 auf 2.217.294 erhöht. Langfristig gesehen hat sich bis 2010 sowohl die Zahl der Studierenden der Rechts-, Wirtschafts- und Sozialwissenschaften auf 683.146 als auch die Zahl der Ingenieurwissenschaften auf 426.692 erhöht. Die Zahl der Studierenden der Ingenieurwissenschaften jedoch schwankte seit 1997 massiv und war zeitweise auch stark rückläufig.[60] Strutz war im Jahr 1992 sogar der Auffassung, dass sich jeder zweite bis dritte Studierende in ein Studium der Ingenieurwissenschaften hätte einschreiben müssen, damit heutzutage der Bedarf an Ingenieuren gedeckt wäre und kritisiert die einseitige Studienwahlentscheidung, die auf Studiengänge der Wirtschafts-, Sozial- und Geisteswissenschaften beruhte.[61] Auch Simon et al. prognostizierten im Jahr 1995, dass sich der Wettbewerb um den kaufmännischen und technischen Führungsnachwuchs verschärfen könnte.[62] Eine Vielzahl von Studienangeboten beinhaltet mittlerweile ein Auslandssemester, um den Studierenden einen Vorteil gegenüber anderen Kandidaten für den späteren Berufseinstieg zu verschaffen. Besonders auffällig ist, dass sich sowohl der Anteil als auch die Zahl der Studienaufenthalte deutscher Studierender im Ausland seit 2001 bis 2009 verdoppelt hat. Dies zeigt, dass sich deutsche Studierende sowohl Fremdsprachenkenntnisse als auch interkulturelle Kompetenzen aneignen, um der zunehmenden Internationalisierung Rechnung zu tragen.[63]

---

[58] Vgl. Kulturministerkonferenz (2011): Vorausberechnung der Schüler- und Absolventenzahlen 2010 bis 2025 [online] Kulturministerkonferenz URL: http://www.kmk.org/fileadmin/pdf/Statistik/Dokumentation_Nr._192.pdf [PDF-Datei, S. 218] [Stand 22.04.2012]

[59] Vgl. Kulturministerkonferenz (2012): Vorausberechnung der Schüler- und Absolventenzahlen 2012 bis 2025 [online] Kulturministerkonferenz URL: http://www.kmk.org/fileadmin/pdf/Statistik/Vorausberechnung_der_Studienanfaengerzahlen_2012-2025_01.pdf [PDF-Datei, S. 2] [Stand 22.04.2012]

[60] Vgl. Studierende und Studienanfänger/-innen im 1. Hochschulsemester nach Fächergruppen, Hochschulart und Geschlecht. [online] Homepage: BMBF. URL: http://www.bmbf.de/daten-portal/Tabelle-2.5.21.html [Stand 22.04.2012]

[61] Vgl. Strutz (1992), S. 6

[62] Vgl. Simon et al. (1995), S. 42

[63] Vgl. Statistisches Bundesamt (2011): Deutsche Studierende im Ausland [online] Homepage: Statistisches Bundesamt URL:

4. ZIELE

Das Personalmarketing verfolgt das Hauptziel, Mitarbeiter insbesondere für schwer zu besetzende Vakanzen langfristig zu erschließen. Hierbei muss das Personalmarketing einerseits den Wunsch bei potenziellen Mitarbeitern hervorrufen, in einem bestimmten Unternehmen beschäftigt sein zu wollen und andererseits diesen Wunsch in eine konkrete Handlung umwandeln, so dass potenzielle Mitarbeiter Kontakt zu dem Unternehmen aufnehmen oder diesem ihre Bewerbung überlassen.[64] Dieses Hauptziel, neue Mitarbeiter zu akquirieren, lässt sich in weitere Teilziele unterteilen. Die Steigerung des Bekanntheitsgrades eines Unternehmens und ein positives Arbeitgeberimage beeinflussen die Realisierung des Hauptziels sehr stark und müssen daher als ein bedeutendes Teilziel betrachtet werden.[65] Laut Fröhlich müssen zur Imageprofilierung alle potenziellen Kontaktpersonen, wie z. B. Behörden, Bekannte und Universitäten mit einbezogen werden, auch wenn diese nicht die direkte Zielgruppe darstellen, da sich potenzielle Mitarbeiter stark durch ihre Umwelt beeinflussen lassen.[66] Durch ein verbessertes Arbeitgeberimage soll die Quantität der eingehenden Bewerbungen gefördert werden und gleichzeitig soll sich dadurch auch die Qualität der Bewerbungen verbessern, so dass sich der Zeitraum, in der eine Stelle offen ist, verkürzt. Ferner wird somit auch das Teilziel verfolgt, die Kosten für die Personalwerbung zu senken.[67] Jaritz und Wunderer schlagen als Indikator zur Messung der Zielerreichung eines hohen Bekanntheitsgrades und positiven Image Rankings in Imagestudien, z. B. die beliebtesten Unternehmen für Hochschulabsolventen, vor.[68]

Es ist von höchster Wichtigkeit, dass die Ziele des Personalmarketings nicht isoliert betrachtet werden. Das Personalmarketing muss als Bestandteil des ganzheitlichen Unternehmensziel betrachtet werden, so dass einerseits das Personalmarketing unter Berücksichtigung des Unternehmensleitbildes und der –kultur effektiv betrieben werden kann und andererseits Zielkonflikte mit anderen Bereichen vermieden werden können.[69]

---

https://www.destatis.de/DE/Publikationen/Thematisch/BildungForschungKultur/Hochschulen/StudierendeAusland5217101117004.pdf?__blob=publicationFile [PDF-Datei, S. 27] [Stand 22.04.2012]

[64] Vgl. Drumm (2000), S. 335
[65] Vgl. Reich (1992), S. 19
[66] Vgl. Fröhlich (1987), S. 43f.
[67] Vgl. Reich (1992), S. 19
[68] Vgl. Jaritz/Wunderer (2007), S. 256
[69] Vgl. Reich (1993), S. 165

5. PERSONALMARKETING-MIX

Um die zuvor genannten Ziele zu realisieren, stehen dem Personalmarketing die Instrumente aus dem klassischen Marketing-Mix zur Verfügung. Die Komponenten des Absatzmarketings und somit auch des Personalmarketings sind die Produkt-, Preis-, Distributions- und Kommunikationspolitik. Diese einzelnen Elemente werden in der Fachliteratur häufig umbenannt, um den direkten Bezug zum Personalmarketing zu verdeutlichen. Ziel ist es, diese vier Faktoren, die ganzheitlich betrachtet werden müssen, optimal miteinander zu kombinieren, so dass Wettbewerbsvorteile gegenüber Konkurrenten aufgebaut und geeignete Mitarbeiter mit minimalen Beschaffungskosten für das Unternehmen rekrutiert werden können.[70] Das nachfolgende Schaubild vermittelt einen ersten Überblick über die inhaltliche Gestaltung der vier Komponenten. Im weiteren Verlauf wird auf die einzelnen Instrumente ausführlich eingegangen.

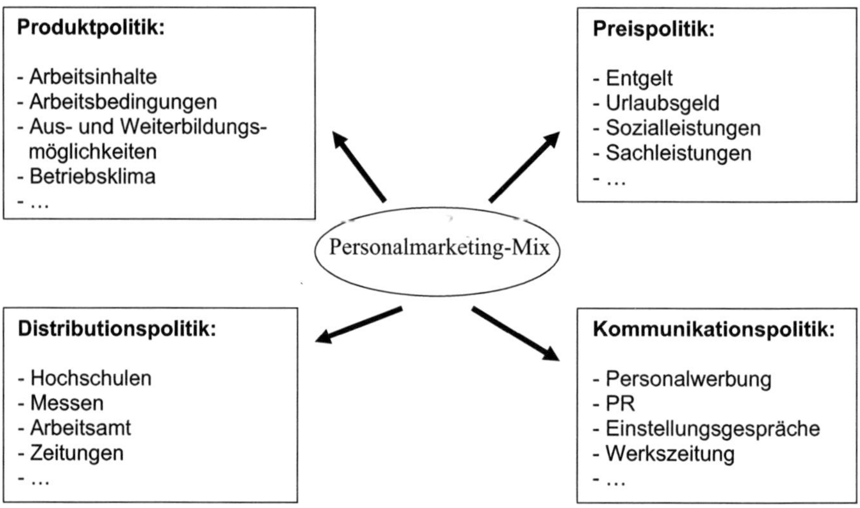

Abbildung 5: Personalmarketing-Mix (In Anlehnung an Kolter (1991), S. 30)

[70] Vgl. Arnold/Wächter (1975), Sp. 1509

5.1 Produktpolitik

Im Rahmen des Personalmarketings sind die zu vermarktenden Produkte die Arbeitsplätze. In diesem Kontext wird die Namensgebung der Produkte immer wichtiger[71], so dass häufig englische Begriffe verwendet werden, wie z. B. „Facility Manager“ anstelle von Hausmeister. Die Produktpolitik befasst sich unter anderem mit den Arbeitsplatzbedingungen, der Ausstattung des Arbeitsplatzes und dessen inhaltliche Tätigkeit. Als Grundlage hierfür dienen die Arbeitsplatzbeschreibungen, in denen sowohl die Aufgaben festgelegt werden als auch die Anforderungen spezifiziert werden. Des Weiteren kann auch der Arbeitsort, die Einordnung in die Hierarchieebene und die zeitliche Beanspruchung aus den Arbeitsplatzbeschreibungen entnommen werden.[72] Darüber hinaus zählt zu der Produktpolitik auch das Angebot von Weiterbildungsmöglichkeiten, welche unabdingbar ist, um dem technologischen Fortschritt Rechnung zu tragen, und die damit verbundenen Aufstiegschancen. Folglich hat die Produktpolitik als Aufgabe die Arbeitgeberversprechen, die im Rahmen der Kommunikationspolitik hinsichtlich des Arbeitsplatzes gemacht werden, umzusetzen.[73] Hierbei wiederum muss jedoch einerseits die Nachfrage nach Arbeitsplätzen, die die Wünsche und Präferenzen von potenziellen Mitarbeitern wider spiegelt, berücksichtigt werden, andererseits darf das Verhältnis zwischen Kosten und Ertrag nicht außer Acht gelassen werden. Hierzu zählen z. B. Teilzeitarbeitsplätze oder auch Traineeprogramme, die häufig kritisch betrachtet werden.[74]

5.2 Preispolitik

Die Preispolitik umfasst alle Gegenleistungen, sowohl monetär als auch nicht-monetär, die ein Unternehmen seinen Mitarbeitern für die geleistete Arbeit bietet. Zu den monetären Leistungen gehören das Gehalt oder der Lohn, verschiedene Prämien, Boni, Urlaubs- und Weihnachtsentgelt, Erfolgsbeteiligungen und sonstige vermögenswirksame Leistungen. Die Gestaltung der Entgelte wird jedoch stark

[71] Vgl. Batz (1996), S. 100
[72] Vgl. Simon et al. (1995), S. 18
[73] Vgl. Koller (1991), S. 35
[74] Vgl. Reich (1992), S. 24

von Tarifverträgen beeinflusst. Lediglich bei dem Gehalt von Führungskräften besteht ein gewisser Spielraum für Verhandlungen.[75] Eine Studie der University Connection-Institut für Management und Marketing GmbH (UNIC) zeigt jedoch, dass Firmen mit geringer Branchen- und/oder Standortattraktivität, flexible Gehaltsstrukturen aufweisen müssen und somit die Attraktivitätsnachteile mit finanziellen Ausgleichszahlungen kompensieren müssen, um dennoch potenzielle Arbeitnehmer rekrutieren zu können.[76]

Zu den nicht-monetären Leistungen zählen betriebliche Sozialeinrichtungen, wie z. B. Kindergärten, Sportplätze, Urlaubsregelungen, kulturelle Förderung und die generelle Gestaltung der Arbeitszeit. Kolter ist der Ansicht, dass insbesondere die nicht-monetären Leistungen bei der Rekrutierung von Nachwuchskräften aufgrund des Wertewandels an Bedeutung gewinnen.[77]

Die Entgeltpolitik wirkt sich unmittelbar auf das Unternehmensimage aus und kann somit Präferenzen bei potenziellen Bewerbern erzeugen.[78]

Strutz fordert, dass die Entgeltsysteme flexibler ausgestaltet werden müssen. Hierzu schlägt er das Cafeteria-System, welches in den USA häufig Anwendung findet, vor. Bei diesem System können sich die Mitarbeiter ihrer Lebenssituation und ihren Bedürfnissen entsprechend, bausteinähnlich ihre Leistungen selber zusammenstellen. So kann die betriebliche Altersversorgung zugunsten eines großen Fortbildungspakets ersetzt werden. Des Weiteren bemängelt Strutz, dass die Zusammensetzung des Entgeltes mit variablen Bestandteilen noch unzureichend verwendet werde, um die Motivation der Mitarbeiter zu fördern.[79]

5.3 Distributionspolitik

Die Distributionspolitik befasst sich mit dem Vertrieb des Produktes „Arbeitsplatz“, damit dieses an potenzielle Mitarbeiter gelangt. Hierbei kann zwischen direkten und indirekten Vertriebswegen differenziert werden. Bei direkten Vertriebswegen stellt ein Unternehmen selbst Kontakt zu potenziellen Bewerbern her, wie z. B. auf

[75] Vgl. Kolter (1991), S. 36
[76] Vgl. UNIC (1987), S. 113ff.
[77] Vgl. Kolter (1991), S. 37
[78] Vgl. Simon et al. (1995), S. 199
[79] Vgl. Reich (1992), S. 24f.

Messen oder sonstigen Firmenveranstaltungen.[80] Ein Vorteil kann in der direkten und persönlichen Ansprache gesehen werden. Diese erlaubt es, dass sich der potenzielle Arbeitnehmer und Arbeitgeber besser kennenlernen, Vorstellungswünsche geklärt und Vertrauen aufgebaut werden kann. Außerdem sind Streuverluste sehr gering, da eine ziemlich homogene Gruppe erreicht werden kann. Dies ist vor allem vorteilhaft, wenn versucht wird, begehrte und knappe Zielgruppen anzusprechen. Folglich erhöht sich die Wahrscheinlichkeit, dass sich Hochschulabsolventen aufgrund effektiver Hochschulmarketingmaßnahmen für ein bestimmtes Unternehmen nach Studienende entscheiden. Der intensive Zeitaufwand und die damit verbundenen indirekten Kosten bei der Wahl eines direkten Absatzkanals sind jedoch nachteilig.[81] Professoren oder andere Lehrkräfte sowie die Bundesagentur für Arbeit können als Vermittler angesehen werden und repräsentieren somit die indirekten Vertriebswege. Ebenso wird die Schaltung von Stellenausschreibungen als indirekter Vertriebsweg angesehen.[82]

5.4 Kommunikationspolitik

Die Aufgabe der Kommunikationspolitik, die im direkten Zusammenhang mit der Distributionspolitik steht, ist es, potenzielle Mitarbeiter in ihrer Entscheidung hinsichtlich eines Eintritts in einem Unternehmen zu beeinflussen und somit Präferenzen gegenüber anderen Unternehmen zu bilden. Instrumente der Kommunikationspolitik bilden die allgemeine PR-Arbeit, der persönliche Verkauf und die Personalwerbung.[83] Es kann zwischen unpersönlicher und persönlicher Kommunikation unterschieden werden. Die unpersönliche Kommunikation bezieht sich unter anderem auf Personalimagewerbungen und die allgemeine PR-Arbeit. Der Vorzug der unpersönlichen Kommunikation ist, dass die Reichweite innerhalb der Zielgruppe höher ist. Die persönliche Kommunikation hingegen fördert den direkten Dialog zwischen Unternehmen und potenziellen Bewerbern, z. B. auf Messen. Als vorteilhaft kann hierbei die Individualität sowie Flexibilität gesehen werden.[84] Es muss unter Berücksichtigung des Werbebudgets festgelegt werden, welche Inhal-

[80] Vgl. Reich (1992), S. 25
[81] Vgl. Kotler (1991), S. 30ff.
[82] Vgl. Reich (1992), S. 25
[83] Vgl. Reich (1992), S. 25
[84] Vgl. Simon et al. (1995), S. 165ff.

te nach außen kommuniziert werden sollen, welche Zielgruppen angesprochen werden sollen, welche Medien dafür in Frage kommen und wie oft diese genutzt werden sollen. Seit einigen Jahren findet in diesem Bereich ein Umbruch statt, indem sowohl neue Medien und Veranstaltungen als auch die Personalimagewerbung im Rahmen der Public Relations an Bedeutung gewinnen.[85] Im Vergleich zur Personalwerbung stehen bei der Personalimagewerbung keine offenen Vakanzen im Vordergrund, sondern es wird versucht ein positives Unternehmensimage aufzubauen.[86]

[85] Vgl. Simon et al. (1995), S. 19
[86] Vgl. Arnold/Wächter (1975), Sp. 1509

6. HOCHSCHULMARKETING

Das Hochschulmarketing ist ein zielgruppenspezifischer Teilbereich, der aus dem Personalmarketing resultiert. Indem sich Unternehmen auf bestimmte Zielgruppen konzentrieren, können einerseits die Kosten gesenkt und andererseits die Effizienz gesteigert werden, da die gewünschte Zielgruppe direkt erreicht bzw. Streuverluste vermieden werden können und auf deren Bedürfnisse besser eingegangen werden kann.[87] Aufgrund der Ausführungen in Kapitel 3 „Herausforderungen des Personalmarketings" wird nun näher auf das Hochschulmarketing eingegangen, weil der Bedarf nach hochqualifizierten Arbeitskräften groß ist, das Angebot jedoch knapp und somit der Konkurrenzkampf um diese begehrte Zielgruppe steigt. Deshalb treten viele Unternehmen frühzeitig mit Studierenden in Kontakt. Häufig „bunkern" Unternehmen sogar qualifiziertes Fachpersonal, indem sie versuchen Hochschulabsolventen anhand von Trainee-Programmen an das Unternehmen zu binden, um bei akutem Bedarf auf diese Reserven zurückgreifen zu können.[88]

Im weiteren Verlauf werden zunächst kurz die Ziele des Hochschulmarketings angesprochen und im Anschluss wird auf die Instrumente und deren Einsatz sowie Trends im Hochschulmarketing eingegangen.

6.1 Ziele des Hochschulmarketings

Das Hauptziel des Hochschulmarketings kann in der Akquisition von potenziellen Hochschulabsolventen nachgefragter Fachrichtungen gesehen werden. Um dieses Ziel zu erreichen, präsentieren sich Unternehmen bei den Studierenden bzw. Absolventen mit der Absicht ein positives Arbeitgeberimage aufzubauen, zu pflegen und dieses zu kommunizieren. Die Studierenden und Absolventen sollen sich durch ein attraktives Arbeitgeberprofil angesprochen fühlen, so dass Kontakte zwischen Studierenden und Unternehmen geknüpft werden können. Bei Bedarf können dann wiederum potenzielle Hochschulabsolventen rekrutiert werden. Ein weiteres Teilziel kann aber auch in dem Transfer zwischen Wirtschaft und Wis-

[87] Vgl. Giesen (1998), S. 97
[88] Vgl. Freimuth (1987), S. 58

senschaft hinsichtlich Wissen und Technologien festgestellt werden. Dies gilt vor allem in Bezug auf wissenschaftliche Arbeiten.[89]

6.2 Instrumente des Hochschulmarketing-Mix

Das nachfolgende Schaubild zeigt die vielfältigen Instrumente des Hochschulmarketing-Mix.

[89] Vgl. Schmidt (2004), S. 29ff

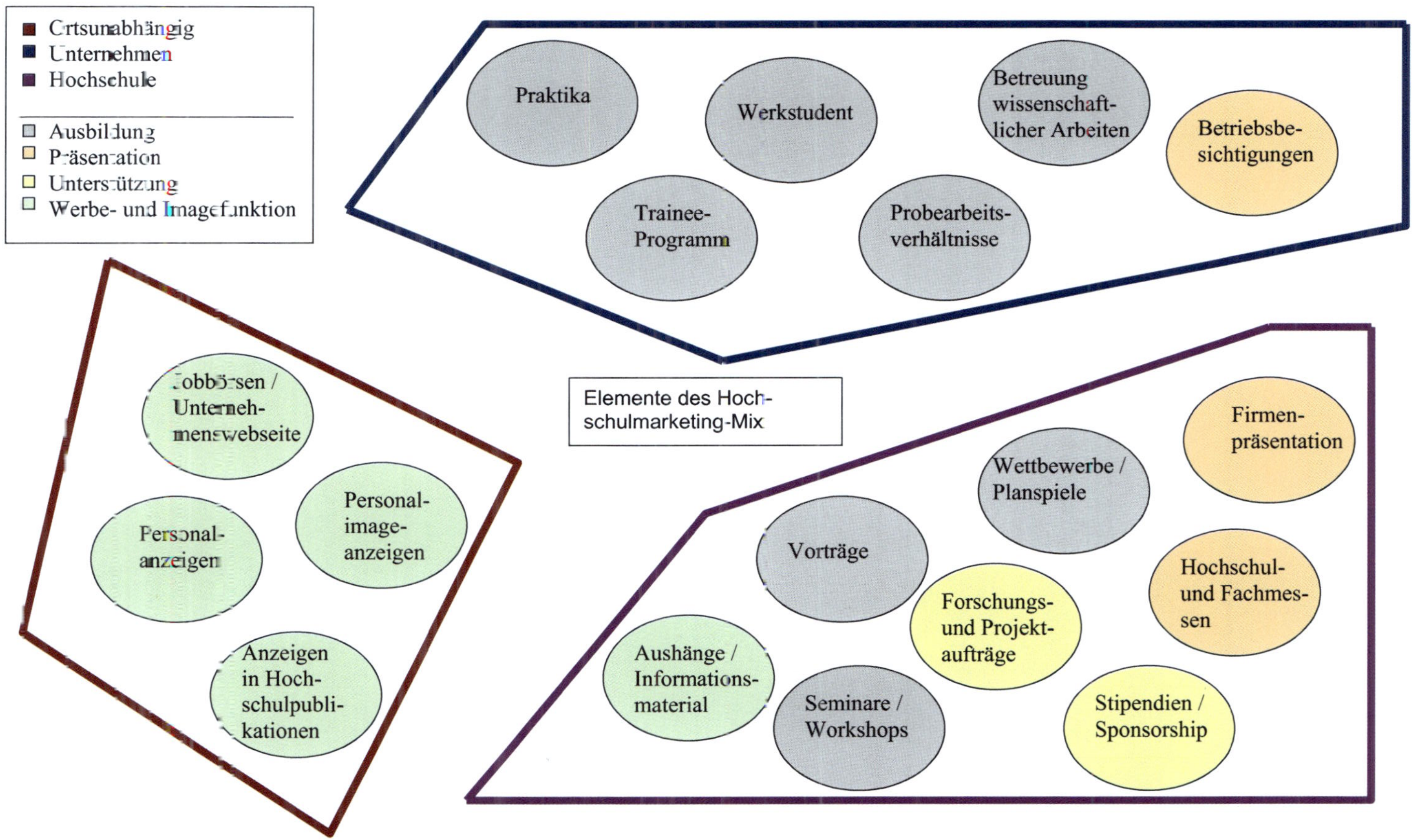

Abbildung 6: Elemente des Hochschulmarketing-Mix (In Anlehnung an Leuenberger (2001), S. 59, Schmidt (2004), S. 36f, Strutz (1992), S. 220)

Die Instrumente können nach Ort und Funktion differenziert werden. Die Einordnung hinsichtlich des Ortes kann nicht immer eindeutig vorgenommen werden. Jedoch kann allgemein zwischen Maßnahmen in der Hochschule, im Unternehmen und ortsunabhängigen Maßnahmen unterschieden werden.[90] Allerdings wichtig zu verstehen ist, dass das Hochschulmarketing nicht nur in Hochschulen betrieben wird, sondern über dessen Grenzen hinweg.
Die Differenzierung nach der Funktion kann in folgende Aspekte unterteilt werden: Ausbildung, Unterstützung, Präsentation und Werbe- und Imagefunktion. Bei dem Aspekt Ausbildung wird vordergründig das bereits angeeignete theoretische Wissen durch praxisorientierte Komponenten erweitert. Die Unterstützung kann in finanzieller oder allgemeiner fachlicher Unterstützung bei Projekten unterteilt werden. Die letzten beiden Funktionen verfolgen die Intention den Bekanntheitsgrad des Unternehmens zu vergrößern und ein positives Image aufzubauen bzw. zu pflegen.[91]
Erfolgreiches Hochschulmarketing setzt sich aus verschiedenen Instrumenten zusammen. Sowohl die Kombination unterschiedlicher Instrumente als auch deren Intensität bestimmen den Erfolg. Deshalb ist es für Unternehmen notwendig, dass sie sich für eine Auswahl an Aktivitäten entscheiden. Weiterhin ist es von Bedeutung, dass die vielfältigen Aktivitäten in keinem Widerspruch zueinander stehen und ein einheitliches Image vermitteln.[92]

6.2.1 Probearbeitsverhältnisse

Probearbeitsverhältnisse bezeichnen nicht die einsetzende Probezeit bei Aufnahme einer Tätigkeit, sondern setzen bereits vor Vertragsabschluss ein. Diese Vorgehensweise ermöglicht Hochschulabsolventen einige Tage probeweise zu arbeiten und einen tieferen Einblick in den Arbeitsbereich und das Arbeitsumfeld zu erhalten. Gewöhnlich bieten Unternehmen ein Probearbeitsverhältnis erst nach einem erfolgreichen Vorstellungsgespräch an, in dem sich das Unternehmen bereits für den potenziellen Bewerber entschieden hat und wollen nun durch ein

---
[90] Vgl. Schmidt (2004), S. 36f.
[91] Vgl. Leuenberger (2001), S. 59, zit. nach Thom/Friedli (2008), S. 5
[92] Vgl. Kolter (1991), S. 53

Probearbeitsverhältnis die Entscheidung des Hochschulabsolventen über den Einstieg in das Unternehmen positiv beeinflussen.[93]

6.2.2 Betreuung wissenschaftlicher Arbeiten

Bei konkreten Problemstellungen in Unternehmen können diese durch die Vergabe von Seminar-, Studien-, Bachelor-, Master-, Diplom- oder Dissertationsarbeiten aufgearbeitet werden. Bei bestehenden Kontakten zu Hochschulen können Unternehmen Themenkataloge zu den verschiedenen Lehrstühlen senden, so dass die Professoren direkt die Studierenden ansprechen und auf die verschiedenen Themen aufmerksam machen können. Des Weiteren können Studierende aber auch direkt mit ihren eigenen Themenvorschläge an ein Unternehmen treten. Unternehmen sollten jedoch sicherstellen, dass der Student fachlich von einem qualifizierten Mitarbeiter des Unternehmens im Rahmen seiner Arbeit betreut wird. Oftmals erhalten die Studierenden eine Aufwandsentschädigung für ihre Arbeit. Die Betreuung von wissenschaftlichen Arbeiten weisen sowohl Vorteile für Unternehmen als auch für Studenten auf. Einerseits haben Unternehmen die Möglichkeit potenzielle Absolventen und deren Arbeitsverhalten sowie Arbeitsergebnisse besser kennenzulernen. Andererseits profitieren Unternehmen von den Resultaten der Arbeiten und erhalten unter Umständen einen Wissensvorsprung im Vergleich zur Konkurrenz.[94] Die potenziellen Absolventen wiederum bekommen Einblicke in das Unternehmen und dessen Produktsortiment, Unternehmenskultur und Leistungspolitik.[95] Auch wenn der Zeitraum zur Bearbeitung der Arbeit zeitlich befristet ist, könnte sich eine emotionale Bindung zum Unternehmen entwickeln.
Die Kontakte zu den potenziellen Absolventen sollten daher auch nach Beendigung der Arbeit gepflegt werden, da eventuell spätere Einsatzmöglichkeiten bestehen.[96]

[93] Vgl. Kolter (1991), S. 62
[94] Vgl. Kolter (1991), S. 56f.
[95] Vgl. Thom/Friedli (2008), S. 8
[96] Vgl. Kolter (1991), S. 57

6.2.3 Praktika

Praktika können von Hochschulen im Rahmen des Studienplans vorgeschrieben sein oder aber auch freiwillig durchgeführt werden.[97] Die Art des Praktikums lässt sich unterscheiden in ein allgemeines Praktikum, in dem ein Praktikant in bestimmten Unternehmensbereichen arbeitet, in ein fachspezifisches Praktikum, welches sich an Geschäfts- oder Funktionsbereiche orientiert oder in ein projektorientiertes Praktikum, bei dem die Bearbeitung eines bestimmten Themas im Vordergrund steht.[98]

Die Vorteile, die ein Praktikum bietet, sind ähnlich wie die, die die Betreuung von wissenschaftlichen Arbeiten ermöglichen. Zusätzlich können sich Studenten mit den Anforderungen des Arbeitsplatzes vertraut machen und überprüfen, ob sie diesen gerecht werden.[99] Aufschluss über die Erwartungen, die Studenten an ein Praktikum haben, liefert eine Befragung, die bei Praktikanten von VW durchgeführt wurde. Den Studenten ist eine schnelle Bearbeitung der Bewerbung wichtig. Hierbei ist ein EDV-System sinnvoll, welches es den entsprechenden Abteilungen erlaubt unmittelbar Einsicht in die Bewerbungen zu erhalten. Vor Beginn des Praktikums wünschen die Praktikanten detaillierte Informationen zu erhalten hinsichtlich der Aufgabenbereiche und einen direkten Ansprechpartner, der für weitere Fragen zur Verfügung steht. Während des Praktikums möchten die Studenten vollständig in der Abteilung integriert werden und selbstständig umfassende Aufgaben bearbeiten. Die Bearbeitung komplexerer Aufgaben und Themen setzt jedoch voraus, dass das Praktikum über einen längeren Zeitraum durchgeführt wird, so dass nach einer intensiven Betreuungs- und Einarbeitungszeit die Studenten selbständig ihre Aufgaben erledigen können und andere Mitarbeiter entlasten. Die durchgehende Betreuung durch die Fach- und Personalabteilung ist den Studenten außerdem sehr wichtig.

Daher sollten Fachabteilungen Praktikanten nicht als „billige Arbeitskräfte missbrauchen“, sondern vorausschauender denken, da sie nach der Einarbeitungszeit mit deren Mitarbeit rechnen können. Mittelfristig steigt auf diese Weise das Image des Unternehmens, wenn ein ehemaliger Praktikant anderen Kommilitonen von seinen positiven Erfahrungen berichtet und langfristig gesehen besteht die Mög-

[97] Vgl. Hentze/Kammel (2001) S. 272
[98] Vgl. Stehle (1993), S. 45
[99] Vgl. Hentze/Kammel (2001) S. 272

lichkeit einen neuen Mitarbeiter gefunden zu haben. Deshalb empfiehlt es sich auch nach Beendigung eines Praktikums den Kontakt zum Studenten aufrecht zu erhalten und ihn mit Newslettern auf dem Laufenden zu halten oder ihn zu Veranstaltungen einzuladen.[100]

6.2.4 Trainee-Programme

Ein Trainee-Programm gilt als Einstiegsprogramm und bietet Hochschulabsolventen die Möglichkeit Erfahrungen in der Praxis zu sammeln, da sie häufig nur über ein theoretisches Wissen verfügen, so dass sie für ihren späteren Arbeitsbereich vorbereitet werden. Neben der Aneignung von Fachwissen lernen Trainees gleichzeitig das Unternehmen sowie dessen Kultur und Struktur kennen. Ein Trainee-Programm dauert in der Regel zwischen 6 und 24 Monaten und richtet sich an eine Personengruppe. Inhalte werden sowohl on- und off-the-job vermittelt. Es gibt verschiedene Arten von Trainee-Programmen. Bei dem klassischen Trainee-Programm durchläuft der Trainee eine Vielzahl von Abteilungen (z. B. Marketing, Vertrieb, Produktion, Personal) in gleichen Zeitabständen. Im Anschluss an das Programm kann der Trainee in seinem endgültigen Einsatzbereich auf sein Wissen in Bezug auf Abläufe und Schnittstellen mit anderen Abteilungen zurückgreifen. Das ressortübergreifende Trainee-Programm mit Fachausbildungsphase bietet weiterhin die Möglichkeit verschiedene Unternehmensbereiche kennenzulernen. Jedoch bleibt der Trainee über einen längeren Zeitraum in einer bestimmten Fachabteilung, in der er später auch eingesetzt werden soll. Das ressortbegrenzte Trainee-Programm mit Vertiefungsphase gewährt einen intensiven Einblick in eine Fachabteilung (z. B. Personal) und deren vielfältigen Bereiche (z. B. Bewerbermanagement, Personalentwicklung, Ausbildung). In einem dieser Bereiche wird der Trainee dann über eine längere Zeit eingesetzt. Des Weiteren können auch Projekte in einem projektbezogenem Trainee-Programm bearbeitet werden.

Das Hauptziel, einen Trainee nach seinem Programm als festen Mitarbeiter für das Unternehmen zu gewinnen, lässt sich anhand des Erfolges weiterer Teilziele ermitteln. Das erste Teilziel, welches das Hauptziel beeinflusst, ist der Ausbil-

[100] Vgl. v. Berk (1992), S. 224ff.

dungserfolg, in dem festgestellt werden muss, ob sich der Trainee das notwendige Fachwissen angeeignet hat. Die Informationsergiebigkeit gibt Auskunft über das Arbeitsverhalten und das Potenzial des Trainees, welches für die weitere Planung notwendig ist. Aus Sicht des Trainees konnte dieser im Rahmen seines Programmes Informationen über das Unternehmen sammeln. Das Einleben in ein Unternehmen und die Beziehungen zu Vorgesetzten und Kollegen bestimmen den Sozialisationserfolg. Das letzte Teilziel, welches verfolgt wird, ist die Verbesserung des Images, welches stark vom Empfinden des Trainees und seiner Meinungsbildung abhängt. Als Indikator für eine Imageverbesserung zählen Quantität und Qualität nachfolgender Bewerbungen für Trainee-Programme.[101]

6.2.5 Werkstudent

Werkstudenten haben einen Arbeitsvertrag, der sich entweder über einen längeren Zeitraum erstreckt oder unbefristet ist. Die Beschäftigung als Werkstudent unterscheidet sich jedoch erheblich hinsichtlich des Aufgabenbereichs, der wiederum die Notwendigkeit der Rekrutierung bestimmt. Einige Unternehmen benötigen lediglich eine Aushilfskraft und planen keine Beschäftigung nach Studienabschluss ein. Andere jedoch binden Werkstudenten in einen vielfältigen Aufgabenbereich ein, in dem es im Anschluss an das Studium Möglichkeiten zur Weiterbeschäftigung gibt.[102]

6.2.6 Vorträge

Im Rahmen von Gastvorträgen haben Unternehmen die Möglichkeit ihre neuesten Forschungs- und Entwicklungsergebnisse zu themenbezogenen Sachverhalten, die in einer Vorlesung durchgenommen werden, darzustellen. Dies fördert einerseits den Austausch zwischen Wissenschaft und Praxis und andererseits hat das Unternehmen die Gelegenheit sich zu präsentieren.[103] Die Weiterentwicklung des technologischen Wissens eines Unternehmens ist vor allem für Studenten von

---

[101] Vgl. Thom/Friedli (2008), S. 15ff.
[102] Vgl. Schmidt (2004), S. 47
[103] Vgl. Kolter (1991), S. 61

technischen Studiengängen von Bedeutung und beeinflusst ihre Entscheidung in Bezug auf den Eintritt in ein Unternehmen.[104] Außerdem zeigt es, dass das Unternehmen Wert auf die fachliche Fortbildung seiner Mitarbeiter legt.

6.2.7 Seminare und Workshops

Im Gegensatz zu Vorträgen weisen Seminare und Workshops den Vorteil der aktiven Kommunikation und des Austausches auf. Fallbeispiele, Diskussionsrunden, Gruppenarbeiten, Rollenspiele sowie Präsentationen können im Rahmen von Seminaren oder Workshops durchgeführt werden. Solche Veranstaltungen können lediglich ein paar Stunden oder Tage oder aber sogar mehrere Wochen dauern. Der Ort einer Veranstaltung, die über einen längeren Zeitraum betrieben wird, wird häufig nicht mehr in der Hochschule durchgeführt, sondern in dem entsprechenden Unternehmen oder in Hotels.[105] Das Stattfinden einer solchen Veranstaltung wird häufig durch Aushängen an Hochschulen und Anzeigen in Zeitschriften bekanntgegeben. Um an einem Seminar oder Workshop teilnehmen zu können, müssen sich Studenten daraufhin bewerben. Ein Unternehmen erzielt auf diese Weise nicht nur ein positives Image bei den Teilnehmern, sondern auch bei den nicht-teilnehmenden Studenten, die auf das geplante Seminar aufmerksam geworden sind, weil es zeigt, dass sich das Unternehmen um seinen potenziellen Nachwuchs kümmert und ihn fördert. Des Weiteren kann das Unternehmen die Teilnehmer im Rahmen des Seminars oder Workshops näher kennenlernen, beobachten und beurteilen und versuchen besonders geeignete Studenten für Trainee-Programme, Praktika oder wissenschaftliche Arbeiten zu rekrutieren.[106]

6.2.8 Wettbewerbe und Planspiele

Wettbewerbe oder Planspiele dienen dazu, qualifizierte und begabte Studenten zu identifizieren, indem sie Themen aus der Praxis kreativ und selbstständig bearbeiten und innerhalb einer vorgegebenen Zeit Lösungsansätze präsentieren sollen.

[104] Vgl. UNIC (1987) S. 15ff.
[105] Vgl. Schmidt (2004), S. 40
[106] Vgl. Simon et al. (1995), S 191ff.

Wettbewerbe oder Planspiele können sich auf Individuen oder Kleingruppen beziehen. Der Gewinner oder das Gewinnerteam erhält eine Prämie.[107]

6.2.9 Stipendien und Sponsorship

Sowohl bei Stipendien als auch beim Sponsorship werden finanzielle Mittel oder Sachleistungen zur Verfügung gestellt. Diese beiden Instrumente des Hochschulmarketings unterscheiden sich jedoch hinsichtlich ihrer Zielgruppe.
Stipendien dienen zur Förderung besonders begabter und qualifizierter Studenten und ermöglichen somit eine frühzeitige Kontaktaufnahme mit diesen. Solche Studenten können durch monatliche finanzielle Förderung oder durch Sachleistungen wie Lehrbücher oder Teilnahme an Seminaren unterstützt werden. Dies bewirkt wiederum ein positives Image in der Gesellschaft und bindet den geförderten Stipendiat emotional an das Unternehmen.[108]
Sponsorship von Hochschulen bewirkt ein ähnlich positives Image. Unternehmen können, indem sie Hochschulen z. B. Gelder zur Verfügung stellen oder mit technischen Geräten ausstatten, ihre Innovations- und Qualitätsorientierung in nachhaltiger Ausbildung und einem ausgeprägten Verantwortungsbewusstsein demonstrieren. Dies erzeugt nicht nur ein hohes Ansehen des Unternehmens bei den Studenten und Hochschulverantwortlichen, sondern auch in der allgemeinen Öffentlichkeit. Als Gegenleistung könnte das Unternehmen das Recht erhalten seine Aktivitäten im Hochschulsponsoring in Artikeln und Werbungen zu veröffentlichen oder sein Logo auf Vorlesungsmanuskripten abzubilden.

6.2.10 Forschungs- und Projektaufträge

Bei Forschungs- und Projektaufträgen haben Unternehmen die Möglichkeit Studierende kennenzulernen, während diese eine konkrete Fragestellung bearbeiten. Der Wissenstransfer zwischen Wirtschaft und Wissenschaft steht hierbei im Vordergrund. Stattdessen haben die Studenten die Gelegenheit sich intensiv mit

[107] Vgl. Schmidt (2004), S. 40f.
[108] Vgl. Schmidt (2004), S. 44

einem kleinen Teilbereich aus dem Unternehmen zu beschäftigen und können diesen auf diese Weise etwas näher kennenlernen.[109]

6.2.11 Hochschulmessen und Fachmessen

Hochschulmessen werden fast ausschließlich von Studenten besucht, die diese oft selbst mit organisieren, so dass Unternehmen die Gelegenheit haben mit einer Vielzahl von Studenten in Kontakt zu treten.[110] Um einen Messeauftritt erfolgreich zu bestreiten, sind vier Faktoren ausschlaggebend. Zuerst müssen die „richtigen" Hochschulmessen, an denen ein Unternehmen teilnehmen möchte, ausgewählt werden. Dies ist vor allem unter Berücksichtigung des Kostenaspekts unerlässlich. Um die „richtigen" Hochschulmessen auszuwählen, werden Statistiken, die die Entscheidung erleichtern sollen, herangezogen. Wichtige Auskünfte bieten z. B. Besucherzahl, Anteil der Studenten nach Studiengängen, Anteil der Studenten von anderen Hochschulen und eine Liste der ausstellenden Unternehmen. Ein weiterer Aspekt betrifft die Möglichkeiten von Nebenveranstaltungen. Neben dem Messestand sollte ein Unternehmen weitere Aktivitäten ergreifen, um sich zu präsentieren und um mit den Studenten in Kontakt zu treten. Firmenpräsentationen, kurze Bewerbungsgespräche oder Diskussionsrunden stellen Formen von Nebenveranstaltungen dar. Der zweite Erfolgsfaktor betrifft die Auswahl der Unternehmensrepräsentanten.[111] Eine Studie, die von der University Connection-Institut für Management und Marketing GmbH (UNIC) durchgeführt wurde, zeigt, dass 82% der Studenten vor allem an Gesprächen mit Nachwuchskräften interessiert sind. Die am zweithäufigsten begehrten Gesprächspartner (77%) sind Fachexperten aus der Linie. Vertreter aus dem Top-Management und Personalexperten bilden mit je 33% den Schluss.[112] Im besten Fall können Studenten einen leichteren Kontakt zu Unternehmensrepräsentanten aufbauen, wenn diese selbst an der Hochschule studiert haben. Die letzten beiden Erfolgsfaktoren betreffen das Messe-Follow-up und die Sammlung sowie Auswertung von Daten über die Hochschule und Studenten. Ein Follow-up funktioniert besonders gut, wenn der

[109] Vgl. Schmidt (2004), S. 42
[110] Vgl. Thom/Friedli (2008), S.6
[111] Vgl. Simon et al. (1995), S. 189
[112] Vgl. v. Berk (1992), S. 221

Unternehmensrepräsentant und die Studenten einen kurzen Fragebogen ausfüllen, der der Personalabteilung zukommt, die dann näher auf den Bewerber zugehen kann.

Mittlerweile werden auch verstärkt Fachmessen wie z. B. die Cebit von Studenten besucht, so dass Fachmessen auch als Rekrutierungsinstrument in Betracht gezogen werden können. Da das Publikum jedoch größer und komplexer ist, gestaltet es sich als schwierig die Zielgruppe herauszufiltern und angemessen anzusprechen.[113]

6.2.12 Firmenpräsentation

Firmenpräsentationen bieten den Vorteil, dass sich Unternehmen vor einer größeren homogenen Gruppe von Studenten präsentieren können. Im Rahmen einer solchen Präsentation sollten nicht nur allgemeine Daten und Fakten über das Unternehmen genannt werden, sondern es sollte versucht werden, dass Unternehmen als attraktiven Arbeitgeber darzustellen. Deshalb sollten die Leistungen, die das Unternehmen als Arbeitgeber seinen Mitarbeitern bietet, und die interessanten Aufgabenbereiche möglichst anhand von konkreten Einsatzfallbeispielen präsentiert werden, so dass bei den Studenten das Verlangen geweckt wird, sich bei diesem Unternehmen zu bewerben. Im Anschluss an der Präsentation sollten die Studenten die Gelegenheit bekommen noch weitere Fragen stellen zu können oder Bemerkungen abzugeben. Vorteilhaft ist es, wenn die Repräsentanten des Unternehmens fachlich genau auf das zu umwerbende Publikum zugeschnitten sind.[114] Das bedeutet, dass z. B. bei einer Firmenpräsentation vor Studenten der Ingenieurwissenschaften Ingenieure aus dem Unternehmen an der Präsentation beteiligt sind.

Firmenpräsentationen können auf Hochschulmessen durchgeführt werden oder in themenbezogenen Vorlesungen. Bei letzterer Variante besteht nicht die Gefahr von Störungen durch Laufpublikum oder Aktivitäten der Konkurrenz abgelenkt zu werden und verspricht somit eine höhere Konzentration der Studenten auf die Präsentation.[115]

---

[113] Vgl. Simon et al. (1995), S. 190f.
[114] Vgl. Kolter (1991), S. 57f.
[115] Vgl. Schmidt (2004), S. 40

6.2.13 Betriebsbesichtigung

Betriebsbesichtigungen sollten von Mitarbeitern, die über fachspezifisches Wissen verfügen, durchgeführt werden, um die Fragen der Studenten beantworten zu können. Die Vermittlung eines positiven Betriebsklimas steht bei Betriebsbesichtigungen im Vordergrund. Vor einer Besichtigung sollte eine Teilnehmerliste mit Informationen über die teilnehmenden Studenten und deren Studienschwerpunkt angefertigt werden, so dass die Personalabteilung bei Bedarf mit diesen Studenten Kontakt aufnehmen kann.[116] Betriebsbesichtigungen eignen sich besonders gut um weitere Instrumente des Hochschulmarketing, wie z. B. Diskussionsrunden, Fachvorträge und das Verteilen von Informationsbroschüren zu vereinen.

6.2.14 Aushänge und Informationsmaterial

Jede Hochschule besitzt ein schwarzes Brett, auf dem sich eine Vielzahl von Angeboten und Informationen befinden. Unternehmen lassen häufig ihre Stellenausschreibung am schwarzen Brett aushängen, um potenzielle Hochschulabsolventen zu finden. Leider sind diese schwarzen Bretter oft sehr unübersichtlich, weil nicht nur Unternehmen, sondern auch Studenten diese benutzen, sodass sie überladen sind und neue Angebote sich mit alten Angeboten vermischen.[117] Mehr Aufmerksamkeit erhalten Unternehmen hingegen, wenn sie ihre Stellenausschreibungen direkt an die Fachschaft eines Studiengangs senden, so dass diese die Stellenausschreibungen via Newsletter, den in der Regel die Mehrheit der Studenten abonniert hat, weiterleiten kann.

Informationsmaterial über ein Unternehmen kann bei jeder Veranstaltung, die in der Hochschule stattfindet, verteilt werden oder aber auch bei Veranstaltungen direkt im Unternehmen. Teilweise besteht für Unternehmen auch die Möglichkeit, in öffentlichen Auslagen der Hochschule Informationsmaterial für Studenten bereitzustellen.[118]

---

[116] Vgl. Kolter (1991), S. 59
[117] Vgl. Kolter (1991), S. 60
[118] Vgl. Schmidt (2004), S. 43

6.2.15 Stellenanzeigen

Stellenanzeigen sind ein wichtiger Bestandteil im Hochschulmarketing. Es ist bedeutsam Stellenanzeigen so zu gestalten, dass sie sich unter der Vielzahl von Anzeigen unterscheiden und die Aufmerksamkeit der potenziellen Zielgruppe erzeugt.[119] Stellenanzeigen sollten inhaltlich aussagekräftig gestaltet sein, sodass eine Selektionsfunktion stattfindet, d.h., dass sich nur geeignete Kandidaten angesprochen fühlen und sich daraufhin bewerben. Denn eine große Menge von eingehenden Bewerbungen, bedeutet nicht, dass auch passende Bewerber für die freie Stelle dabei sind.[120] Eine Stellenanzeige sollte Auskunft über folgende Inhalte wiedergeben: Organisation, Position, Anforderungen, Leistungsangebot und Bewerbungsmodalitäten. Allgemeine Informationen zur Organisation beinhalten z. B. Firmenname, Standort, Größe, Unternehmensentwicklung sowie das Produkt- und Leistungssortiment. Ein Bestandteil hinsichtlich der Position ist die Beschreibung des zukünftigen Aufgabenbereiches anhand von Arbeitsplatzbeschreibungen und dessen organisatorische Eingliederung in das Unternehmen. Des Weiteren müssen Anforderungen in Hinblick auf die gewünschte Ausbildung und praktische Erfahrungen für die ausgeschriebene Stelle geschildert werden. Das Leistungsangebot informiert die Bewerber über die allgemeinen Arbeitsbedingungen und das Entgelt. Angaben über den Bewerbungsweg, Ansprechpartner sowie Bewerbungsfrist beziehen sich auf die Bewerbungsmodalitäten.[121]

6.2.16 Anzeigen in Hochschulpublikationen

Stellen- und Personalimageanzeigen in Hochschulpublikationen weisen gegenüber Anzeigen in Zeitschriften und Zeitungen den Vorteil auf, dass Unternehmen auf diese Weise gezielt einzelne Studentengruppen ansprechen können und somit Streuverluste vermieden werden können. Außerdem sind sie vergleichsweise kostengünstig.[122]

---

[119] Vgl. v. Berk (1992), S. 221
[120] Vgl. Fröhlich (1987), S. 83
[121] Vgl. Wunderer (1975), Sp. 1689ff.
[122] Vgl. Kolter (1991), S. 60

6.2.17 Jobbörsen und Unternehmenswebseite

Das Electronic Recruiting gewinnt immer mehr an Bedeutung, insbesondere bei der Zielgruppe der Hochschulabsolventen, weil 90% der Studenten das Internet täglich nutzen.[123] Die Veröffentlichung von Stellenanzeigen im Internet bieten sowohl Unternehmen als auch den Bewerbern viele Vorteile. Im Vergleich zu Stellenanzeigen in Printmedien sind diese im Internet länger abrufbar und können immer wieder aktualisiert werden.[124] Des Weiteren entstehen Kostenvorteile für Unternehmen, da das inserieren im Internet vergleichsweise günstig ist. Außerdem entstehen bei der Abwicklung des Bewerbungsverfahrens Zeitersparnisse, da der Kontakt zwischen dem Unternehmen und dem Bewerber direkt online mit Hilfe eines Bewerbungstools oder per E-Mail aufgenommen werden kann. Weitere Vorteile stellen die bessere zielgruppenspezifische Ansprache und die höhere internationale Reichweite dar. Für die Bewerber besteht eine höhere Transparenz und es können leichter Stellenanzeigen von verschiedenen Unternehmen verglichen werden. Insgesamt kann der Bekanntheitsgrad und ein positives Image gesteigert werden.[125]

Die Veröffentlichung von Stellenanzeigen im Internet erfolgt in Jobbörsen oder aber auch auf der eigenen Unternehmenswebseite. Es gibt sowohl staatliche Jobbörsen (z. B. Bundesagentur für Arbeit) als auch private Jobbörsen (z. B. Jobpilot). Mittlerweile gibt es sogar berufsgruppenspezifische Jobbörsen.[126] Jobbörsen erleichtern das Finden von ausgeschriebenen Stellen durch bestimmte Suchfunktionen wie z. B. Branche, Region oder Position. Insbesondere für kleinere und unbekanntere Unternehmen eröffnet sich damit die Möglichkeit, die gewünschte Zielgruppe auf sich aufmerksam zu machen und anhand einer Verlinkung in der Jobbörse auf die eigene Homepage zu verweisen. Außerdem haben Bewerber die Möglichkeit ein eigenes Profil anzulegen und Unternehmen so auf sich aufmerksam zu machen. Stellenanzeigen auf Unternehmenswebseiten bieten oftmals zusätzliche Informationen, wie z. B. Erfahrungsberichte von Mitarbeitern, Diskussionsforen und Tipps zur Bewerbung.[127]

---

[123] Vgl. Kirchhofer (o. J.), S. 22
[124] Vgl. Haunschild (2000), S. 314
[125] Vgl. Metzger/Funk (1998), S. 44f.
[126] Vgl. Bögelein (1999), S. 592ff.
[127] Vgl. Jäger/Schumacher (2004), S. 252ff.

6.2.18 Personalimageanzeigen

Personalimageanzeigen unterscheiden sich wesentlich von den allgemeinen Stellenanzeigen. Stellenanzeigen haben eine einmalige Funktion, nämlich einen geeigneten Kandidaten für eine offene Stelle zu finden. Personalimageanzeigen hingegen dienen der Darstellung eines positiven Images und verfolgen somit eine längerfristige Wirkung.[128] Die Inhalte von Personalimageanzeigen beziehen sich auf die allgemeine Unternehmensdarstellung und deren Philosophie sowie berufliche Perspektiven anhand von aussagekräftigen, beispielhaften Lebensläufen und Karrieren, jedoch ohne auf offene Vakanzen einzugehen. Damit Personalimageanzeigen mehr Aufmerksamkeit entgegengebracht wird, sollten sie in redaktionellen Teilen geschaltet werden und nicht im Stellenanzeigenteil. Des Weiteren sollten sie auf weitere Informationsquellen oder Ansprechpartner verweisen, so dass die Kontaktaufnahme zum Unternehmen erleichtert wird.[129]
Strutz ist der Ansicht, dass Unternehmen, die ein gefestigtes, positives Image in den Köpfen der Bewerber haben, viele Bewerbungen erhalten, auch wenn die Bewerber mit negativen Informationen konfrontiert werden. Denn positive Informationen werden verstärkt wahrgenommen und negative Informationen werden zunächst unterdrückt. Um für die Wahrnehmung eines positiven Images zu sorgen, sollten Unternehmen frühzeitig mit der Kommunikation des Images beginnen, weil die Veränderbarkeit des Images bei Studenten zum Studienende hin nachnimmt.[130]

6.3 Einsatz der Instrumente

Es gibt keine ideale Kombination der vorgestellten Instrumente, um Hochschulabsolventen zu rekrutieren. Jedoch stellt das Drei-Schichten-Modell von Simon eine interessante und nachvollziehbare Herangehensweise dar.

---

[128] Vgl. Fröhlich (1987), S. 67
[129] Vgl. Nawrocki (1986), S. 7f.
[130] Vgl. Simon et al. (1995), S. 167ff.

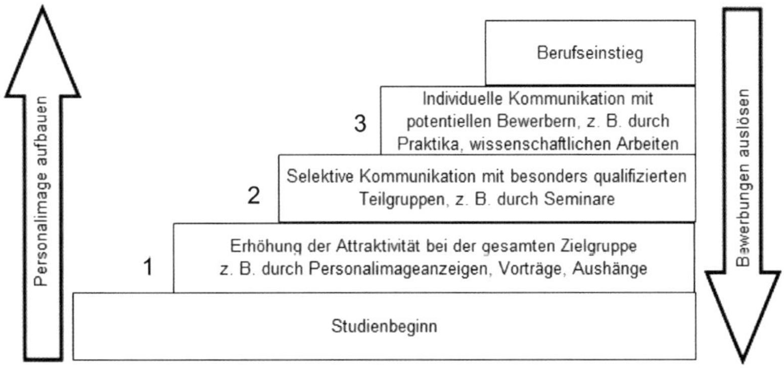

Abbildung 7: Drei-Schichten-Modell der Kommunikation (In Anlehnung an Simon et al. (1995), S. 186)

Unmittelbar nach Studienbeginn sollten Unternehmen versuchen sich ein positives Image bei den Studenten aufzubauen. Dies erfolgt in der ersten Schicht, indem die Attraktivität als Arbeitgeber bei der gesamten Zielgruppe erhöht wird. Da die gesamte Zielgruppe erreicht werden soll, müssen Instrumente ausgewählt werden, die eine hohe Reichweite besitzen, wie z. B. Personalimageanzeigen, Vorträge und Aushänge. In der zweiten Schicht beginnt dann die Selektion und besonders geeignete Kandidaten werden herausgefiltert mit Hilfe von z. B. Seminaren oder Wettbewerben, die es erlauben das Verhalten von potentiellen Kandidaten zu beobachten bzw. über Arbeitsergebnisse zu urteilen. Daraufhin werden die Kandidaten in der dritten Schicht weiter selektiert, sodass letztendlich einigen Studenten z. B. einen Praktikumsplatz oder die Betreuung von wissenschaftlichen Arbeiten angeboten wird. Im Idealfall können Unternehmen während dieses Zeitraumes mit den Kandidaten über eine mögliche Einstellung sprechen, so dass der Student bereits vor Studienende einen Arbeitsvertrag erhält.[131]

[131] Vg. Simon et al. (1995), S. 186f.

6.4 Trends im Hochschulmarketing

Der Trend im Hochschulmarketing geht in Richtung Events und Rekrutierung via Internet.[132] Hochschulmessen gleichen heutzutage eher Events, da sie mehrere Instrumente des Hochschulmarketings miteinander vereinen. Neben dem Messestand, an dem Informationsmaterialien ausliegen, werden zudem meist Workshops, Planspiele und Firmenpräsentationen durchgeführt. Einige Unternehmen veranstalten vor Eventbeginn eine Betriebsbesichtigung, um die anschließenden Workshops unternehmensspezifisch gestalten zu können. Diese Events dienen somit nicht nur zur Verbesserung des Unternehmensimages und zur Knüpfung erster Kontakte, sondern auch zur Selektion.[133]

Das Internet gewinnt hinsichtlich der Rekrutierung von Hochschulabsolventen immer mehr an Bedeutung. Stellenanzeigen, die in Printmedien veröffentlicht werden, verfügen mittlerweile oft über einen sogenannten Barcode, der mit einem Smartphone eingelesen werden kann und dann weitere Informationen über die ausgeschriebene Stelle bietet. Die Möglichkeiten im Internet werden jedoch von Unternehmen noch längst nicht ausreichend ausgeschöpft. Es wird oftmals bemängelt, dass die Interaktionsmöglichkeiten noch zu wenig genutzt werden.[134] Soziale Netzwerke, Podcasts, Videos und Blogs gewinnen auch zunehmend an Bedeutung. Xing ist das bedeutendste soziale Netzwerk in Bezug auf Rekrutierungsfunktionen. Seit 2008 ist auf der Internetseite von Xing die Rubrik „Marketplace" zu finden, in der Unternehmen Stellen ausschreiben können. Die Abrechnung erfolgt dann pro Klick. Auch wenn Kürn Xing als einzig sinnvolles soziales Netzwerk für die Rekrutierung ansieht[135], unterstützt Facebook zumindest die Imagefunktion eines Unternehmens. Über den „Gefällt mir"-Button können sich Benutzer mit Unternehmen vernetzen und werden über Neuigkeiten auf dem Laufenden gehalten. Des Weiteren können Unternehmen ihre Rekrutierungsabsichten durch Podcasts oder Videos unterstützen. In Podcasts kann sich ein Interessent z. B. Informationen über die Onlinebewerbung, den Bewerbungsprozess und das Vorstellungsgespräch anhören. Über Videos haben Unternehmen außerdem die Möglichkeit sich und die ausgeschriebene Stelle anhand von beispielhaf-

---

[132] Vgl. Schmidt (2004), S. 50ff.
[133] Vgl. Schmidt (2004), S. 92
[134] Vgl. Thom/Friedli (2008), S. 10
[135] Vgl. Kürn (2009), S. 150

ten Abläufen und Tätigkeiten visuell darzustellen. Mittlerweile werden potenzielle Bewerber sogar in Blogs angesprochen. Die meisten Blogs dienen zwar der privaten Tagebuchaufzeichnung, jedoch gibt es inzwischen auch Blogs, die spezifische Themen behandeln.[136]

Ein weiterer Trend geht dahin, dass das Internet für den kompletten Rekrutierungsprozess genutzt werden kann. Dieser besteht aus sechs Schritten und wird in der folgenden Abbildung verdeutlicht.

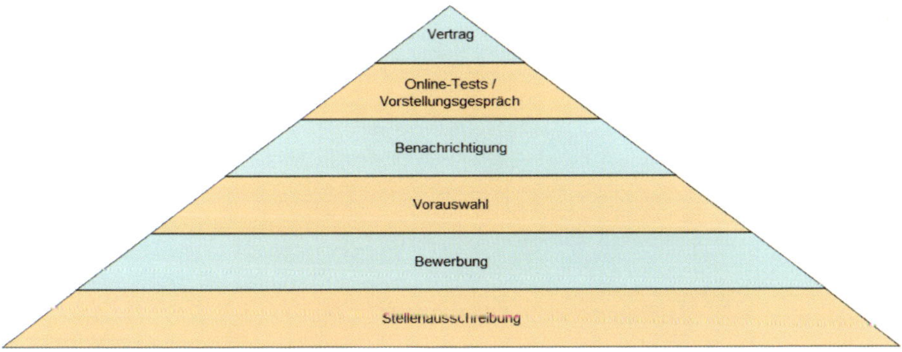

Abbildung 8: Online Rekrutierungsprozess (in Anlehnung an Jäger/Wittenzeller (2000), S. 9)

Im ersten Schritt veröffentlicht das Unternehmen seine Stellenanzeige im Internet, so dass potenzielle Bewerber auf diese aufmerksam werden. Die Veröffentlichung kann z. B. auf der Unternehmenswebseite oder in Jobbörsen erfolgen. Der zweite Schritt ist dann die Bewerbung auf eine Stellenanzeige. Der Bewerber sollte nach wie vor die Möglichkeit haben sich postalisch zu bewerben. Im Rahmen des Online-Rekrutierungsprozesses werden aber Bewerbungen via E-Mail oder einem vorgefertigten Online-Formular bevorzugt. Sofern die Bewerbungen online eingehen, kann der dritte Schritt, die Vorauswahl, ebenso elektronisch erfolgen. Durch die elektronische Filterung bestimmter Kriterien können geeignete Kandidaten vorab ausgewählt werden. Es besteht jedoch die Gefahr, dass einige interessante Kandidaten nicht weiter berücksichtigt werden. Im nächsten Schritt werden die Bewerber benachrichtigt. Die Bewerber, die nicht in Frage kommen, erhalten eine Absage und die Anderen erhalten eine Einladung zu einem Vorstellungsgespräch. Bei einer großen Anzahl von geeigneten Kandidaten kann vorab im fünften Schritt

[136] Vgl. Kürn (2009), S. 151f.

noch ein Online-Test durchgeführt werden, um die Kandidaten weiter zu filtern. Das Vorstellungsgespräch würde bei einem internetbasierten Rekrutierungsprozess über Internet Video-Telefonie stattfinden. Dies hat sich aber bisher in der Praxis noch nicht durchgesetzt. Die meisten Vorstellungsgespräche finden noch immer persönlich statt. Im sechsten Schritt wird dann der Arbeitsvertrag auf dem Postweg zugesandt, weil es hierfür der Originalunterschrift bedarf.[137]

[137] Vgl. Jäger/Wittenzeller (2000) S. 7ff.

7. EMPIRISCHE UNTERSUCHUNG

Die zuvor ausgeführten theoretischen Darstellungen zum Hochschulmarketing werden nun in Verbindung zur empirischen Realität gebracht. Dazu wurde eine empirische Untersuchung in den Studiengängen International Management (Bachelor) und Management Studies (Master) an der Universität Flensburg durchgeführt. Ziel dieser Studie ist es, einen Überblick zu erhalten, welche Arbeitgebereigenschaften und Imagearten für Studierende bei der Wahl ihres Arbeitgebers von Bedeutung sind und welche Informationsquellen genutzt werden, um sich über potentielle Arbeitgeber zu informieren. Darüber hinaus soll untersucht werden, ob sich weibliche und männliche Studierende in ihren Antworten unterscheiden. Anhand dieser Ergebnisse werden im weiteren Verlauf Gestaltungsempfehlungen für Unternehmen dargestellt, um Hochschulmarketing effektiv zu betreiben.

7.1 Methode

Für die durchgeführte empirische Untersuchung in den wirtschaftswissenschaftlichen Studiengängen der Universität Flensburg wurde eine quantitative, standardisierte Befragung mit Hilfe eines Fragebogens in Papierform ausgewählt. Da aus organisatorischen Gründen nicht die Gesamtheit aller Studierenden der Studiengänge International Management (Bachelor) und Management Studies (Master) befragt werden konnten, wurde eine Teilerhebung durchgeführt. Die Fragebögen wurden im Mai 2012 in die Vorlesungen der Bachelor- und Masterstudierenden der wirtschaftswissenschaftlichen Studiengänge eingereicht und ausgefüllt. Auf diesem Wege konnten 110 Studenten erreicht werden.

Vor allem folgende von Diekmann angeführten Vorteile einer schriftlichen Befragung waren bei der Entscheidung für die Konzeption des Fragebogens ausschlaggebend. Eine schriftliche Befragung ist im Vergleich zu anderen Befragungstypen relativ zeit- und kostengünstig. Entscheidender ist jedoch, dass Fehler und Verzerrungen aufgrund der Abwesenheit eines Interviewers vermieden werden können. Darüber hinaus ist die Vergleichbarkeit der Daten durch den einheitlichen Fragebogen höher. Die Nachteile einer schriftlichen Befragung fallen bei dem gewählten Forschungsgegenstand weniger stark ins Gewicht. Absprachen der Antworten mit einer anderen Person sowie weitere Störfaktoren konnten durch die Anwesenheit einer betreuenden Person vermieden werden. Ebenso stand diese fachkundige Person für eventuelle Verständnisfragen zur Verfügung. Es bestand lediglich die Gefahr, dass der Fragebogen unvollständig ausgefüllt und Fragen übersehen werden konnten.[138]

Bei der Erstellung des Fragebogens wurde darauf geachtet, dass sowohl auf die genutzten Informationskanäle über offene Stellen als auch auf die bevorzugten Arbeitgebereigenschaften und das Arbeitgeberimage, welche ausschlaggebend für die Wahl eines Unternehmens sind, eingegangen wird. Da der Umfang des Fragebogens in einem vernünftigen Maß bleiben sollte, wurde die Anzahl der Fragen auf 15 begrenzt. Drei dieser 15 Fragen sind demografischer Natur. Als Fragearten wurden vor allem geschlossene Fragen verwendet. Diese bieten den Vorteil der besseren Vergleichbarkeit. Halboffene Fragen wurden durch die Antwortmöglichkeit ‚Sonstiges' hinzugefügt, in der die Studierenden die Gelegenheit hatten, eigene Vorstellungen und Ideen zu ergänzen. Das erschien sinnvoll, weil eine vollständige Aufzählung möglicher Antwortalternativen nicht durchführbar ist und auf diesem Wege gingen zusätzliche Anregungen jedoch nicht verloren.

Bevor der Fragebogen in den Vorlesungen verteilt wurde, haben vier Studierende an einem Pretest teilgenommen. Dieser Pretest diente dazu, die Verständlichkeit, Vollständigkeit, Eindeutigkeit und Bearbeitungsdauer des Fragebogens zu überprüfen. Daraufhin wurden die Fragen teilweise neu formuliert.

7.2 Empirische Resultate

Alle 110 verteilten Fragebögen wurden direkt nach der Beantwortung der Fragen wieder eingesammelt. Letztendlich konnten 107 Fragebögen zur Auswertung verwendet werden. Lediglich 3 Fragebögen konnten aufgrund unzureichender Beantwortung nicht weiter berücksichtigt werden.

Im weiteren Verlauf werden die einzelnen Ergebnisse präsentiert und erläutert.

[138] Vgl. Diekmann (2000), S. 439

7.2.1 Demografische Angaben

Der überwiegende Teil der Befragten waren weibliche Studenten. Der weibliche Anteil macht 69% und der männliche Anteil lediglich 31% aus.

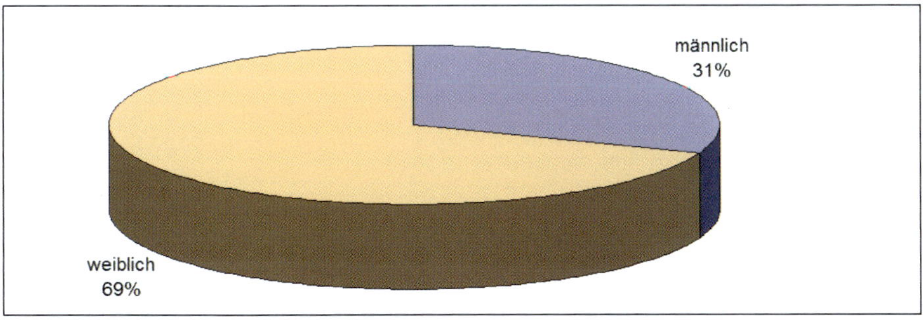

Abbildung 9: Geschlechterverteilung

Dieses Ergebnis spiegelt auch in etwa die Verteilung der Geschlechter in den beiden Studiengängen International Management und Management Studies wider. Der Großteil der Studierenden sind in diesem Fall weibliche Studenten. Trotz des hohen weiblichen Anteils wird in der Analyse der Befragung auf Unterschiede zwischen weiblichen und männlichen Studenten geachtet.

Wiederum die Mehrheit der Befragten (89%) befindet sich im Bachelorstudiengang International Management und lediglich 11% der Befragten absolvieren den Masterstudiengang Management Studies.

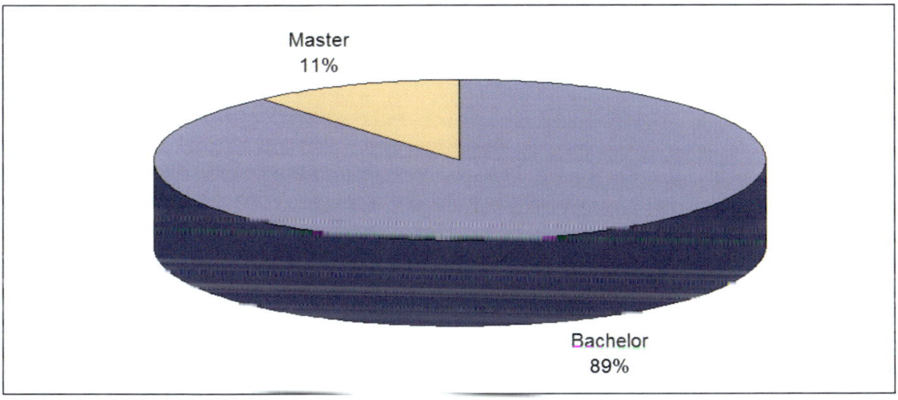

Abbildung 10: Verteilung des Studiums

In der Tat ist der Bachelorstudiengang aufgrund der doppelten Schuljahrgangsabschlüsse sehr gut besucht, so dass sich mehr Studierende als sonst im 1. bzw. 2. Fachsemester dieses Studiengangs befinden. Insgesamt befinden sich 97,2% der Befragten, sowohl Studierende des Bachelorstudiengangs als auch des Masterstudiengangs, im 1. oder 2. Fachsemester und nur 2,8% der Befragten befinden sich im 3. oder 4. Fachsemester.

7.2.2 Präferenzen bei der Erststellenwahl

In Bezug auf die Präferenzen bei der Erststellenwahl nach dem Studium wurden verschiedene Aspekte hinsichtlich ihrer Wichtigkeit abgefragt. Die Befragten sollten 22 Aspekte von völlig unwichtig (1) bis sehr wichtig (5) bewerten. Hierbei konnten große Unterschiede zwischen den weiblichen und männlichen Studierenden festgestellt werden. Für Unternehmen ist es von besonderer Bedeutung diese bevorzugten Kriterien zu kennen, um diese nach außen kommunizieren zu können und sich somit attraktiv darzustellen. Simon et al. bezeichnen Anforderungsmerkmale an eine Erststelle, die insgesamt als sehr wichtig eingestuft werden, als sogenannte Knock-Out-Faktoren. Falls Unternehmen diese Aspekte den Bewerbern nicht bieten können, erweist es sich für diese als sehr schwierig, trotz anderer positiver Merkmale, potentielle Hochschulabsolventen zu einer Bewerbung zu motivieren. Weitere Merkmale, die als eher wichtig eingestuft werden, werden nach Simon et al. als Differenzierungsfaktoren bezeichnet. Diese Faktoren müssen nicht unbedingt vollständig erfüllt werden. Sie dienen Unternehmen jedoch dazu, sich von anderen Unternehmen zu unterscheiden und dadurch bevorzugt zu werden.[139]

[139] Vgl. Simon et al. (1995), S. 72

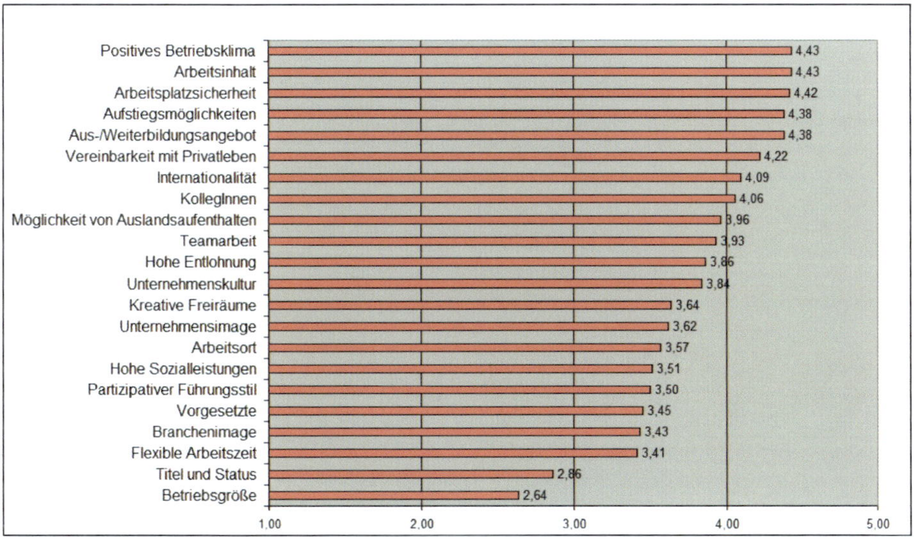

Abbildung 11: Wichtigkeit einzelner Aspekte bei der Erststellenwahl (weiblich)

In der Abbildung 11 kann erkannt werden, dass die weiblichen Studierenden acht Aspekte als Knock-Out-Faktoren angegeben haben. Das positive Betriebsklima, der Arbeitsinhalt, die Arbeitsplatzsicherheit, die Aufstiegsmöglichkeiten, das Aus- und Weiterbildungsangebot, die Vereinbarkeit mit dem Privatleben, die Internationalität und die Kollegen können als Knock-Out-Faktoren identifiziert werden. Diese genannten Aspekte sind folglich ausschlaggebend bei der Erststellenwahl. Auffällig ist, dass es sich hierbei größtenteils um die sogenannten weichen Anforderungsmerkmale handelt. Den weiblichen Studierenden sind demnach die nichtmateriellen Aspekte, die schlecht an Zahlen und Fakten, wie z. B. das positive Betriebsklima, festgestellt werden können, sehr wichtig. Nur bei den Aufstiegsmöglichkeiten handelt es sich um ein sogenanntes hartes Anforderungsmerkmal. Erstaunlich ist, dass die Vereinbarkeit mit dem Privatleben zu den Knock-Out-Faktoren zählt, flexible Arbeitszeiten jedoch den drittletzten Platz hinsichtlich der Wichtigkeit belegen, obwohl flexible Arbeitszeiten sehr zur Vereinbarkeit von Beruf und Privatleben dienen. Des Weiteren kann der Wunsch nach Arbeitsplatzsicherheit in Verbindung mit der Globalisierung gebracht werden. Aufgrund der zunehmenden Globalisierung und des Zusammenwachsens der Märkte sind die Arbeitsplätze heutzutage nicht mehr so sicher wie früher. Dies zeigte vor allem die Weltwirtschaftskrise des Jahres 2008. Weiterhin muss jedoch angemerkt werden, dass die hohe Bedeutung der Internationalität auf die sehr international ausgerichteten Studiengänge, die die Befragten besuchen, zurückgeführt werden kann. Bei Befragten, die andere Studiengänge belegen, würde die Internationalität wahrscheinlich nicht zu den Knock-Out-Faktoren gehören. Dies gilt ebenso für den Wunsch, die Möglichkeit von Auslandsaufenthalten zu haben, was zusammen mit den Aspekten Teamarbeit, hohe Entlohnung, Unternehmenskultur, kreative Freiräume, Unternehmensimage, Arbeitsort und hohe Sozialleistungen zu den Differenzierungsfaktoren zählt. Durch die Erfüllung einer bzw. mehrerer dieser Faktoren können sich Unternehmen auf dem Arbeitsmarkt von der Konkurrenz abgrenzen. Nicht von allzu großer Bedeutung für die Wahl der Erststelle sind ein partizipativer Führungsstil, Vorgesetzte, Branchenimage, flexible Arbeitszeit, Titel und Status sowie die Betriebsgröße.

Im Vergleich zu den weiblichen Studierenden können Unterschiede in der Reihenfolge der Aspekte bei der Erststellenwahl hinsichtlich der Wichtigkeit jener Aspekte bei den männlichen Studierenden festgestellt werden.

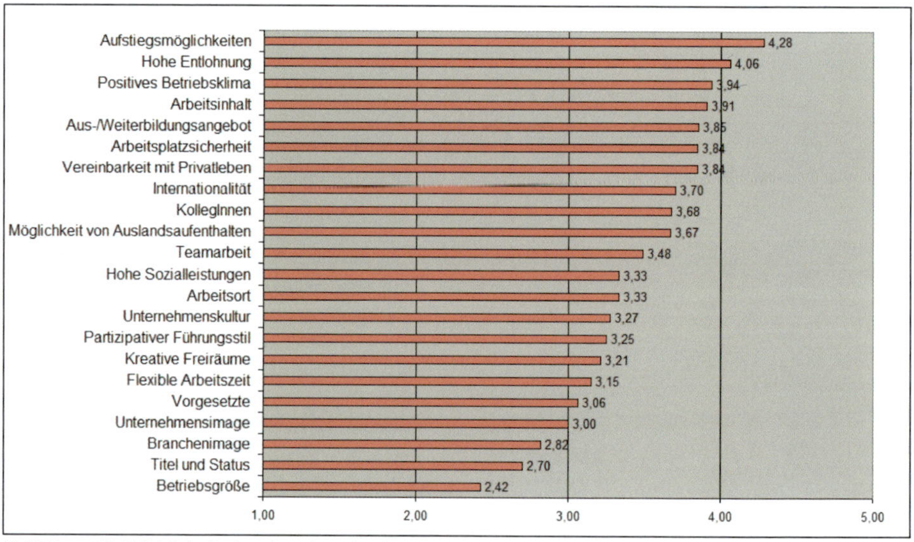

Abbildung 12: Wichtigkeit einzelner Aspekte bei der Erststellenwahl (männlich)

Auch bei den männlichen Studierenden gehören die Aufstiegsmöglichkeiten zu den Knock-Out-Faktoren. Jedoch ist der einzige weitere Knock-Out-Faktor die hohe Entlohnung. Beide Faktoren gehören zu den harten Anforderungsmerkma-

len. Der Wunsch nach einer hohen Entlohnung kann darauf zurückgeführt werden, dass die Entlohnung oft mit der Wertschätzung eines Arbeitsplatzes in Verbindung gebracht wird. Es wird davon ausgegangen, dass je höher die Entlohnung ist, desto bedeutender ist die Stelle für das Unternehmen. Darüber hinaus erzeugt eine hohe Entlohnung Prestige und Ansehen in der Gesellschaft.[140]
Zu den Differenzierungsfaktoren zählen bei den männlichen Studierenden das positive Betriebsklima, der Arbeitsinhalt, das Aus- und Weiterbildungsangebot, die Arbeitsplatzsicherheit, Vereinbarkeit mit dem Privatleben, Internationalität, Kollegen sowie die Möglichkeit von Auslandsaufenthalten. Bis auf den zuletzt genannten Punkt, gehören diese Aspekte bei den weiblichen Studierenden zu den Knock-Out-Faktoren.
Danach folgen absteigend in ihrer Bedeutung folgende Faktoren: Teamarbeit, hohe Sozialleistungen, Arbeitsort, Unternehmenskultur, partizipativer Führungsstil, kreative Freiräume, flexible Arbeitszeit, Vorgesetzte, Unternehmensimage, Branchenimage, Titel und Status sowie Betriebsgröße.

Zusammenfassend lässt sich sagen, dass sich die männlichen Studierenden eher an materiellen Werten orientieren. Die weiblichen Studierenden hingegen setzen ihre Prioritäten überwiegend auf die nicht-materiellen Aspekte. Gemeinsamkeiten weisen beide Geschlechter sowohl in der Wahl der Aufstiegsmöglichkeiten als Knock-Out-Faktor als auch geringere Beimessung an Bedeutung von Titel und Status sowie Betriebsgröße. Zudem lässt sich feststellen, dass die Frauen einen höheren Durchschnittswert (4,22) bei der Vereinbarkeit mit dem Privatleben aufweisen als die Männer (3,84). Hieraus kann impliziert werden, dass immer noch eine gewisse Rollenverteilung bei den Geschlechtern vorherrscht und Frauen eine größere Verantwortung hinsichtlich der Familienarbeit und Kindererziehung haben. Es muss jedoch auch angemerkt werden, dass die Frauen generell allen Aspekten eine höhere Bedeutung beigemessen haben als die Männer. Bestimmt können Unternehmen aber nicht allen gewünschten Aspekten sowohl bei den Frauen als auch bei den Männern gerecht werden.

[140] Vgl. Simon et al. (1995), S. 78

7.2.3 Arbeitsinhalt

Die Auswertung der Frage, welche Aspekte des Arbeitsinhaltes als wichtig erachtet werden, ergab folgendes Ergebnis:

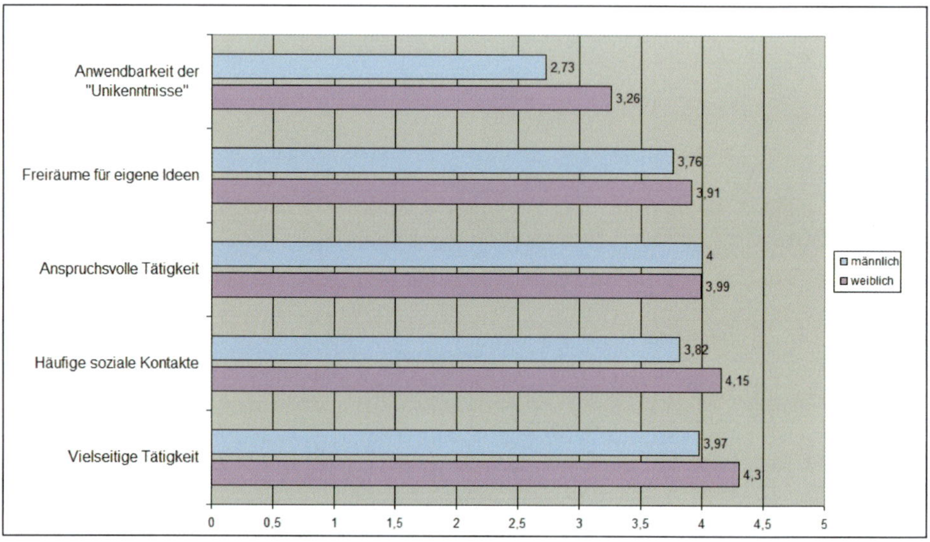

Abbildung 13: Aspekte des Arbeitsinhaltes

Bei der Analyse der Aspekte, die sich auf den Arbeitsinhalt beziehen, fällt auf, dass die weiblichen Studierenden erneut fast alle Aspekte als wichtiger einstufen als ihre männlichen Kommilitonen. Lediglich der Aspekt der anspruchsvollen Tätigkeit wird von den Männern als wichtiger eingestuft als von den Frauen. Der Mittelwert liegt bei den Männern hier bei 4 und stellt somit insgesamt auch den wichtigsten Aspekt des Arbeitsinhaltes dar. Eine anspruchsvolle Tätigkeit kann wiederum mit einer hohen Entlohnung in Zusammenhang gebracht werden. Hieraus kann geschlossen werden, dass eine anspruchsvolle Tätigkeit mit einer höheren Wertschätzung des Arbeitsplatzes, verbunden mit mehr Prestige und Ansehen, einhergeht.

Den weiblichen Studierenden hingegen ist eine vielseitige Tätigkeit am Wichtigsten, gefolgt von häufigen sozialen Kontakten. Der Wunsch nach häufigen sozialen Kontakten erklärt, warum als Knock-Out-Faktoren ein positives Betriebsklima und Kollegen genannt wurden. Den weiblichen Studierenden ist ein harmonisches Zusammenarbeiten sehr wichtig. Der Wunsch nach häufigen sozialen Kontakten steht bei den männlichen Studierenden an dritter Stelle hinter der Ausübung einer vielseitigen Tätigkeit. Die letzten beiden Plätze im Ranking sowohl bei den Männern als auch bei den Frauen belegen die Aspekte Freiräume für eigene Ideen und Anwendbarkeit der „Unikenntnisse“. Es wird folglich von beiden Geschlechtern angenommen, dass die Kenntnisse, die an der Universität vermittelt werden, nur teilweise im anschließenden Berufsleben angewandt werden können.

7.2.4 Bevorzugte Unternehmensgröße

Das folgende Diagramm zeigt, in welcher Unternehmensgröße alle Befragten bevorzugt arbeiten möchten.

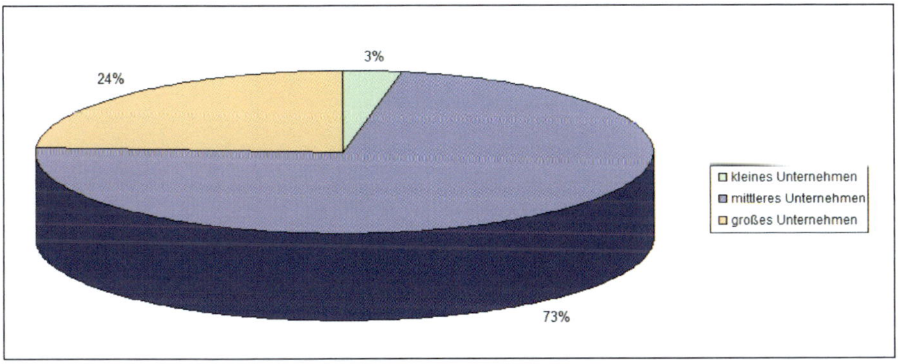

Abbildung 14: Bevorzugte Unternehmensgröße

73% aller Befragten bevorzugen Unternehmen mittlerer Größe. In großen Unternehmen würden gerne 24% arbeiten wollen und nur 3% in einem kleinen Unternehmen. Diese Präferenzen gegenüber der Unternehmensgröße gelten sowohl für männliche als auch weibliche Studierende, sodass kein Unterschied festgestellt werden konnte. Der Grund, dass nur ein kleiner Anteil der Befragten in einem kleinen Unternehmen arbeiten möchte, könnte darin liegen, dass bei kleineren Unternehmen häufig die Internationalität, die bei beiden Geschlechtern einen hohen Stellenwert in der Wahl der Erststelle ausmacht, nicht gegeben ist. Es sollte jedoch berücksichtigt werden, dass die Betriebsgröße bei der Wahl der Erststelle von beiden Geschlechtern als am Wenigsten wichtig bewertet wurde.

7.2.5 Wunsch nach Fortbildung

Wie die folgende Grafik zeigt, ist der Wunsch nach Fortbildungen bei allen Befragten stark ausgeprägt und es wurden meistens mehrere Bereiche genannt. Dies zeigt, dass die potentiellen Absolventen die Bereitschaft aufweisen, ein Leben lang zu lernen.

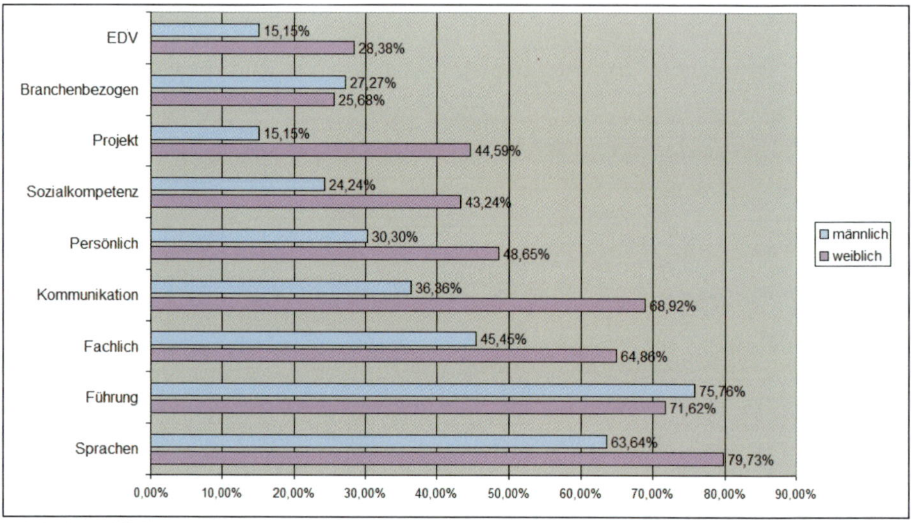

Abbildung 15: Wunsch nach Fortbildung

Den weiblichen Studierenden sind Fortbildungen im sprachlichen Bereich (79,73%) am Wichtigsten. Diese Art von Weiterbildungsmöglichkeit wünschen sich auch 63,64% der männlichen Studierenden. Dass Sprachen einen hohen Stellenwert einnehmen, könnte darauf zurückgeführt werden, dass die sprachliche Ausbildung bereits während des Studiums eine hohe Stellung einnimmt. Insbesondere im Bachelorstudiengang International Management finden mehrere Kurse in englischer und spanischer bzw. dänischer Sprache statt.

Dagegen stehen bei den männlichen Studierenden an erster Stelle Fortbildungen in Richtung Führung (75,76%). Dies unterstreicht den ausgeprägten Wunsch nach einer anspruchsvollen Tätigkeit, die mit einer hohen Entlohnung einhergeht. Fortbildungen im Bereich Führung ersehnen sich ebenfalls 71,62% der weiblichen Studierenden.

Der am dritthäufigsten genannte Bereich bei den Männern ist das Erlernen von fachlichen Kompetenzen (45,45%). Dieser Bereich wurde ebenfalls von 64,86% der Frauen genannt, direkt nach Kommunikation (68,92%). Den Studierenden ist also bewusst, wie bereits die Einschätzung der Anwendbarkeit der Unikenntnisse zeigte, dass das erlernte Wissen aus der Universität allein nicht ausreichend ist und sie sich der Arbeitsstelle entsprechend weiterbilden müssen.
Am wenigsten Wichtig erscheinen den männlichen Studierenden Fortbildungen, welche Projekte und EDV-Kurse (jeweils 15.15%) betreffen. Hinsichtlich Fortbildungen im EDV-Bereich sollte angemerkt werden, dass Unternehmen heutzutage bereits bestimmte Grundkenntnisse erwarten und voraussetzen.
Mit 25,68% haben die weiblichen Studierenden branchenbezogene Fortbildungen am wenigsten genannt. Dies könnte damit erklärt werden, dass sich die weiblichen Studierenden bisher nicht auf eine bestimmte Branche festgelegt haben und sich daher keine spezifischen branchenbezogenen Fortbildungsmaßnahmen vorstellen können.

7.2.6 Aspekte bei der Arbeitgeberwahl

Das Image eines Unternehmens ist im Personalmarketing ein wichtiger Bestandteil. Bei der Befragung wurde die Bedeutung folgender Images abgefragt: Unternehmensimage, Branchenimage, Arbeitgeberimage und Standortimage.

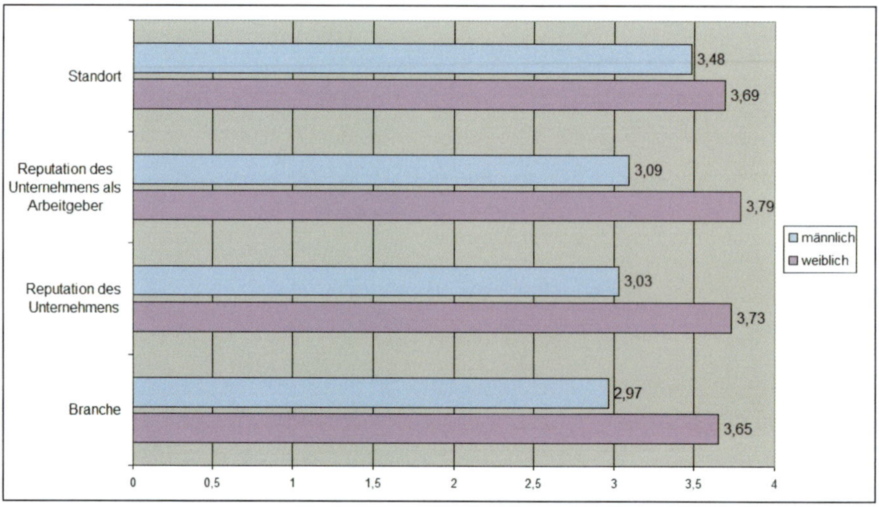

Abbildung 16: Aspekte bei der Arbeitgeberwahl

Erneut lässt sich feststellen, dass die weiblichen Studierenden alle Imagearten als wichtiger einstufen im Vergleich zu ihren männlichen Kommilitonen. Am bedeutsamsten ist den Frauen das Arbeitgeberimage (3,79), gefolgt vom Unternehmensimage (3,73), dem Standortimage (3,69) und Branchenimage (3,65). Bei den Männern sieht das Ranking folgendermaßen aus: Standortimage (3,48), Arbeitgeberimage (3,09), Unternehmensimage (3,03) und dem Branchenimage (2,97). Dieses Ergebnis impliziert, dass Unternehmen verstärkt auf die Kommunikation des Images achten müssen, um vor allem weibliche Studenten anzusprechen und um sich als attraktiver Arbeitgeber zu präsentieren. Es erweist sich insbesondere als schwierig für Unternehmen mit einem negativen Branchenimage weibliche Studenten zu rekrutieren.

7.2.7 Informationskanäle

Unternehmen interessieren sich vor allem dafür, auf welchem Wege sich Bewerber über offene Stellen informieren. Dies ist insbesondere für das Hochschulmarketing von wesentlicher Bedeutung, damit Unternehmen ihre Aktivitäten auf die potentiellen Absolventen angemessen ausrichten können und somit geeignete Kandidaten rekrutieren können.

Insgesamt 57,01% der Befragten haben sich bereits über offene Stellen informiert, obwohl sich ein Großteil der Studierenden erst am Anfang ihres Studiums befindet. Hierbei konnte auch kein wesentlicher Unterschied zwischen weiblichen (55,41%) und männlichen (60,61%) Studierenden, die sich über offene Stellen informiert haben, festgestellt werden.

Die Studierenden sollten angeben, welche Informationskanäle sie für geeignet halten. Dafür wurden diese in persönliche und unpersönliche Quellen eingeteilt.

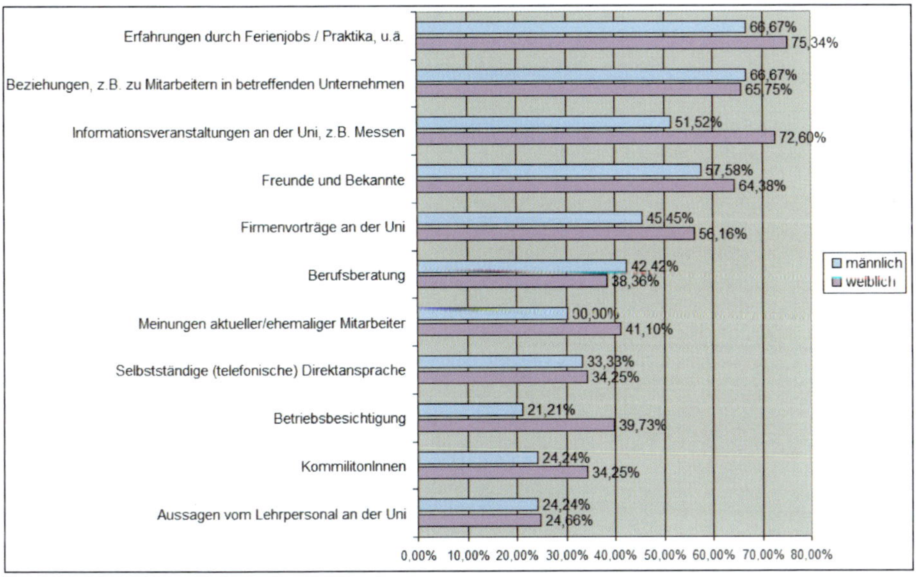

Abbildung 17: Geeignete persönliche Informationsquellen

Sowohl die weiblichen (75,34%) als auch die männlichen (66,67%) Studierenden halten persönliche Erfahrungen, z. B. durch Ferienjobs, Praktika oder Werkstudententätigkeiten als sehr geeignet. Der Vorteil, der persönliche Erfahrungen mit sich bringt, ist offensichtlich: Die Studierenden erhalten in diesem Fall einen direkten Einblick in ein Unternehmen. Sie lernen potentielle Kollegen kennen, erfahren, wie das Betriebsklima ist und welche Möglichkeiten und Angebote innerhalb des Unternehmens offeriert werden. Unter Umständen erhalten sie auch einen Einblick in den späteren Arbeitsbereich. Einen intensiveren Einblick kann weder eine andere persönliche noch eine unpersönliche Informationsquelle bieten.

Ebenso häufig greifen die männlichen Studierenden auf ihr direktes Umfeld zurück, um sich über offene Stellen zu informieren. Beziehungen zu Mitarbeitern in betreffenden Unternehmen nutzen 66,67% der männlichen Befragten und 57,58% erhalten Informationen über offene Stellen von Freunden und Bekannten. Dies zeigt, dass das soziale Netzwerk bedeutsam in der Stellensuche ist. Die weiblichen Befragten hingegen nennen am zweithäufigsten Informationsveranstaltungen an der Universität, wie z. B. Messen. Auch hier bietet sich die Gelegenheit ein Unternehmen sowie die Firmenrepräsentanten kennenzulernen. Diese Art der Informationsbeschaffung halten auch 51,52% der männlichen Befragten für geeignet. Darauf folgend erachten 65,75% der weiblichen Befragten Beziehungen zu Mitarbeitern in betreffenden Unternehmen als geeignet und 64,38% informieren sich über Freunde und Bekannte. Ebenfalls als geeignet bewerten die weiblichen (56,16%) und männlichen (45,45%) Firmenvorträge an der Universität. Auch hier können bereits erste Kontakte geknüpft werden und es kann sich ein erstes Bild über ein Unternehmen gemacht werden.

Bereits weit abgeschlagen sind folgende Informationsquellen: Berufsberatung, Meinungen aktueller/ehemaliger Mitarbeiter, selbstständige (telefonische) Direktansprache, Betriebsbesichtigungen, Kommilitonen und Aussagen vom Lehrpersonal an der Universität.

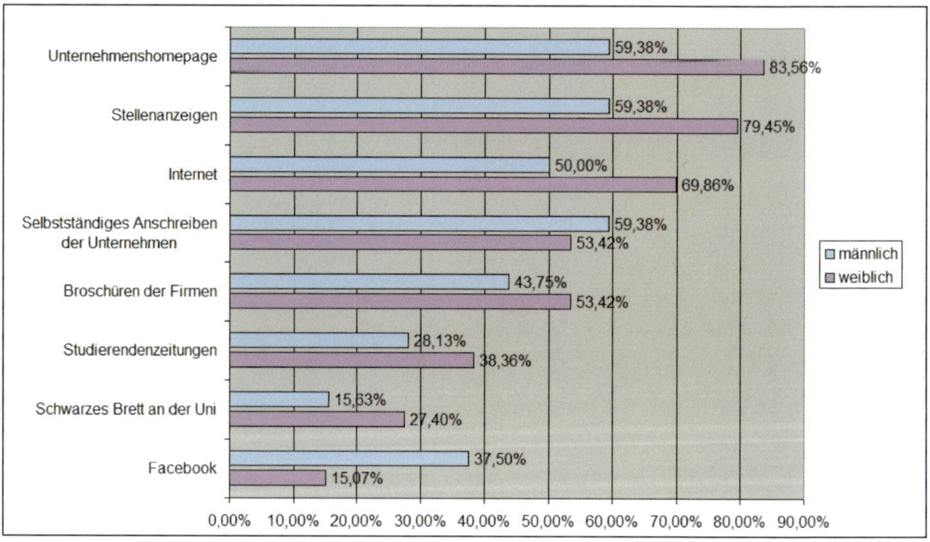

Abbildung 18: Geeignete unpersönliche Informationsquellen

Am häufigsten nannten die männlichen Studierenden als geeignete unpersönliche Informationsquellen mit jeweils 59,38% die Unternehmenshomepage, Stellenanzeigen und das selbstständige Anschreiben von Unternehmen. Die weiblichen Studierenden halten die Unternehmenshomepage mit 83,56% am geeignetsten. Somit wurde die Unternehmenshomepage im Vergleich zu allen anderen persönlichen und unpersönlichen Informationsquellen am meisten genannt. Unternehmenshomepages bieten nicht nur den Vorteil, dass sie jederzeit über aktuelle offene Stellen informieren, sondern die Studierenden haben auch die Möglichkeit, allgemeine Informationen über das Unternehmen und dessen Produkte abzurufen. 79,45% der weiblichen Studierenden halten aber auch nach wie vor die klassischen Stellenanzeigen für geeignet. Als nächste geeignete Quelle nannten die weiblichen Studierenden mit 69,86% das Internet, welches jedoch nur 50% der männlichen Studierenden nannten. Hier wurde sogar von den Frauen jeweils zwei Mal auf Online-Jobbörsen und Internetblogs verwiesen. Danach treten in der Reihenfolge der Frauen mit jeweils 53,42% das selbstständige Anschreiben der Unternehmen und die Unternehmensbroschüren auf, welche auch 43,75% der Männer nutzen. Dies zeigt, dass die Studierenden eine hohe Bereitschaft aufweisen, sich initiativ zu bewerben. Die Unternehmensbroschüren wiederum werden häufig im Rahmen einer Veranstaltung verteilt, sodass die Studierenden bereits die Möglichkeit hatten, einen ersten Kontakt zum Unternehmen herzustellen. Eher selten werden Studierendenzeitungen, das schwarze Brett der Universität und Facebook genutzt, um sich über offene Stellen zu informieren.

7.2.8 Gespräche mit Firmenvertretern

Die folgende Grafik zeigt die Bedeutung unterschiedlicher Aspekte in Bezug auf Gespräche mit Firmenvertretern.

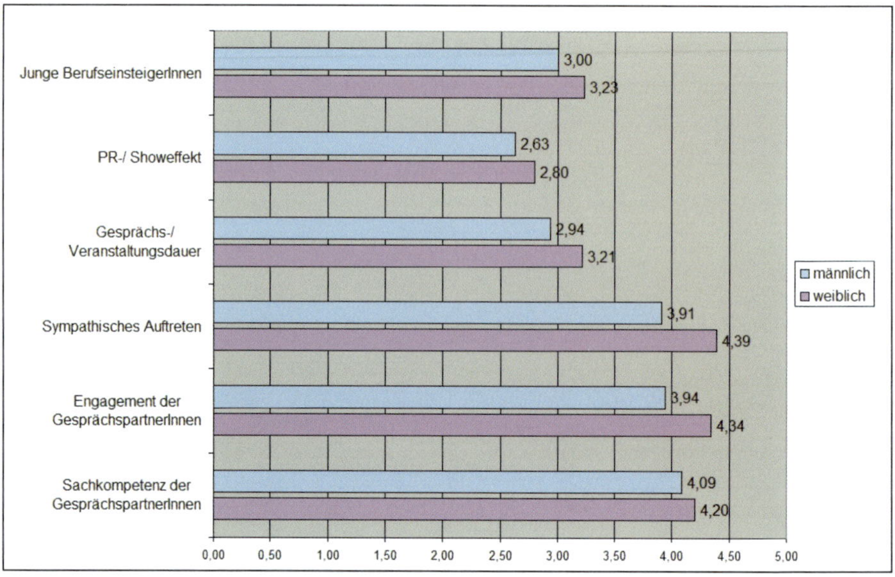

Abbildung 19: Aspekte bei Gesprächen mit Firmenvertretern

Es ist zu erkennen, dass sowohl den männlichen als auch weiblichen Studierenden die Aspekte sympathisches Auftreten, Engagement und Sachkompetenz der Gesprächspartner als wichtig einstufen. Dennoch lassen sich auch hier Unterschiede erkennen. Während den weiblichen Studierenden ein sympathisches Auftreten am wichtigsten mit einem Mittelwert von 4,39 ist, ist den männlichen Studierenden hingegen mit einem Mittelwert von 4,09 die Sachkompetenz am wichtigsten. Dies zeigt, dass die Frauen emotionaler in Gesprächen agieren. Im Vergleich dazu gehen die Männer rationaler an solche Gesprächssituationen heran. Als nächsten wichtigen Aspekt nennen beide Geschlechter das Engagement der Gesprächspartner. Der Mittelwert der Männer beträgt 3,94 und der Mittelwert der Frauen 4,34. Das Engagement der Gesprächspartner zeigt den Studierenden, dass sie wichtig für ein Unternehmen sein könnten und dass ihre Interessen und Wünsche Beachtung finden. Daraufhin stufen die männlichen Studierenden erst das sympathische Auftreten mit einem Mittelwert von 3,91 und die weiblichen Studierenden die Sachkompetenz der Gesprächspartner mit einem Mittelwert von 4,2 als wichtig ein.

Eher von geringerer Bedeutung für beide Gruppen ist die Gesprächs- oder Veranstaltungsdauer, der PR- bzw. Showeffekt und dass das Gespräch mit jungen

Berufseinsteigern stattfinden sollte. Die Studierenden achten demnach nicht besonders darauf, dass sie sich mit jungen Firmenvertretern, die gerade selbst erst den Hochschulabschluss absolviert haben, ins Gespräch kommen.

7.2.9 Informationen über offene Stellen

Informationen über offene Stellen unterscheiden sich oft im Umfang und in der Darstellungsform. Damit Unternehmen aber die potenziellen Hochschulabsolventen gezielt ansprechen können, ist es entscheidend für Unternehmen zu wissen, welche Informationsaspekte nach außen kommuniziert werden müssen. Die Einstufung der Wichtigkeit von fünf verschiedenen Aspekten ist in der unten stehenden Grafik ersichtlich.

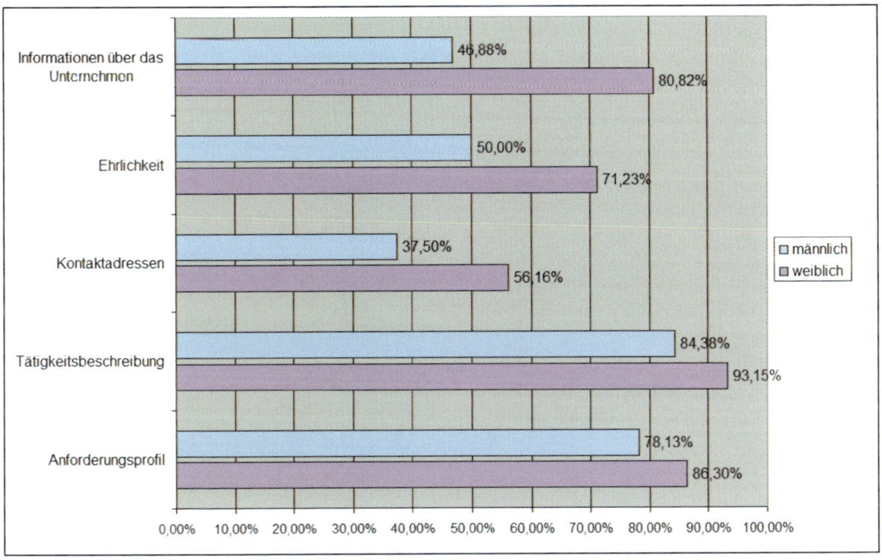

Abbildung 20: Informationen über offene Stellen

Sowohl die weiblichen (86,3%) als auch die männlichen (78,13%) Studierenden erachten die Tätigkeitsbeschreibung als am wichtigsten. Stellenanzeigen sollten demnach nicht nur die Position nennen, sondern konkret Beispiele nennen, die die täglichen Aufgaben im Betriebsalltag darstellen. Verständlicherweise sind bei einer klassischen Stellenanzeige der Platz sowie die Kosten begrenzt, so dass die einzelnen Tätigkeiten nicht in aller Ausführlichkeit beschrieben werden können. Hier bietet sich aber das Internet an, vor allem auf der eigenen Unternehmenshomepage können die Tätigkeiten umfassend beschrieben werden oder sogar mit Hilfe eines Videos visualisiert werden. Der nächst wichtigste, genannte Aspekt der Männer (78,13%) und Frauen (86,3%) ist das Anforderungsprofil. Das Anforderungsprofil sollte auch im Interesse der Unternehmen klar und eindeutig formuliert sein, so dass eine Selbstselektion bei den Bewerbern stattfindet. Des Weiteren wünschen sich 80,82% der Frauen und 46,88% der Männer weitere Informationen über das Unternehmen. Die meisten Printstellenanzeigen enthalten zwar einen kleinen Abschnitt, der aktuelle Daten wie Umsatz des Vorjahres und Mitarbeiterzahlen wieder gibt, um jedoch ausführlichere Informationen zu erhalten, eignet sich erneut das Internet. Hier kann z. B. auch auf Unternehmensbroschüren, die online verfügbar sind, verlinkt werden. Den Aspekt Ehrlichkeit nannten 50% der Männer und 71,23% der Frauen und am wenigsten oft wurde von 56,16% der Frauen und 37,5% der Männer die Kontaktadresse genannt. Eine Kontaktadresse scheint somit nicht von größter Bedeutung zu sein. Das könnte einerseits daran liegen, dass Adressen über die Unternehmenshomepage leicht ausfindig zu machen sind und andererseits werden beim online Bewerbungsverfahren oft keine direkten Ansprechpartner und Adressen genannt.

7.2.10 Tätigkeiten nach dem Studium

Bei der Frage, welche Tätigkeiten die Studierenden nach dem Studium aufnehmen möchten, wurden meistens mehrere Aspekte genannt. Die Tabelle 2 zeigt die Ergebnisse.

	Frauen	Männer
Vollzeitstelle	76,71%	65,63%
Auslandsaufenthalt	47,95%	46,88%
Trainee	32,88%	28,13%
Zusätzliche Ausbildung	20,55%	15,63%
Praktikum	19,18%	18,75%
Selbstständigkeit	15,07%	31,25%
Dissertation	5,48%	12,5%
Teilzeitstelle	2,74%	3,13%

Tabelle 2: Tätigkeiten nach dem Studium

Die Mehrheit der befragten Frauen (76,71%) und Männer (65,63%) hat die Absicht eine Vollzeitstelle anzunehmen. Eher selten ziehen die weiblichen Studierenden (2,74%) als auch männlichen Studierenden (3,13%) eine Teilzeitstelle in Betracht. Am nächst häufigsten wurde ein Auslandsaufenthalt genannt. Dies können sich 47,95% der Frauen und 46,88% der Männer vorstellen. Knapp ein Drittel der Befragten gaben an, nach dem Studium in ein Trainee-Programm einsteigen zu wollen. Hierin wird wahrscheinlich die Möglichkeit gesehen, im Anschluss an das Trainee-Programm eine Festanstellung zu erhalten. Trotz des hohen Wunsches nach Aus- und Weiterbildungsmöglichkeiten, ziehen nur 20,55% der Frauen und 15,63% der Männer eine zusätzliche Ausbildung in Erwägung. Des Weiteren ziehen lediglich 19,18% der weiblichen Befragten und 18,75% der männlichen Befragten ein Praktikum nach dem Studium in Betracht. Eher von geringerer Attraktivität erscheinen den Frauen die Selbstständigkeit (15,07%) und die Dissertation (5,48%). Der Anteil der Männer, die sich hingegen eine Selbstständigkeit oder Dissertation vorstellen können, ist ungefähr doppelt so hoch.

Abschließend lässt sich sagen, dass die Befragten häufig mehrere Tätigkeiten genannt haben, um sich wahrscheinlich die Möglichkeiten offen zu halten. Zumal es heutzutage auch schwierig ist, eine Vollzeitstelle nach dem Studium aufzunehmen ohne praktische Erfahrungen aufweisen zu können. Lediglich 11 Frauen und 4 Männer haben nur eine Option, eine Vollzeitstelle, genannt. Zwei Frauen haben angegeben, dass sie sich erst einmal nach dem Studium auf eine zusätzliche Ausbildung beschränken, sowie ein Mann, der promovieren möchte. Eine Frau strebt nach dem Studium direkt die Selbstständigkeit an und eine weitere zieht lediglich eine Teilzeitstelle in Betracht.

7.2.11 Bevorzugte Branchen

Die folgende Tabelle stellt die bevorzugten Branchen der Frauen und Männer dar.

	Frauen	Männer
Automobilindustrie	21,62%	43,75% **(1)**
Chemie und Pharmazie	10,81%	3,13%
Elektrotechnik- und Elektroindustrie	1,35%	21,88%
Energieversorgung	14,86%	34,38% **(4)**
Entsorgung und Recycling	2,70%	6,25%
Ernährung	18,92%	3,13%
Lebensmittel	18,92%	6,25%
Gesundheitswirtschaft	18,92%	9,38%
Grundstücks- und Wohnungswesen	20,27%	25,00%
Handel	29,73% **(5)**	34,38% **(4)**
Holz- und Möbelindustrie	6,76%	9,38%
Informationstechnik und Telekommunikation	9,46%	12,50%
Kultur- und Kreativwirtschaft	43,24% **(3)**	15,63%
Luft- und Raumfahrt	16,22%	21,88%
Kredit- und Versicherungsgewerbe	9,46%	6,25%
Maritime Wirtschaft	6,76%	18,75%
Maschinen- und Anlagenbau	1,35%	15,63%
Selbstständigkeit	10,81%	31,25% **(5)**
Medien	50,00% **(1)**	43,75% **(1)**
Textil & Bekleidung	27,03%	18,75%
Tourismus	44,59% **(2)**	21,88%
Mineralöl und Spaltprodukte	0,00%	18,75%
Entwicklungsarbeit	25,68%	15,63%
Logistik	22,97%	37,50% **(3)**
Werbung	35,14% **(4)**	40,63% **(2)**
Spielt keine Rolle	8,11%	3,13%

Tabelle 3: Bevorzugte Branchen

Zu den Top 5 der Frauen gehören folgende Branchen: Medien (50,00%), Tourismus (44,59%), Kultur- und Kreativwirtschaft (43,24%), Werbung (35,14%) und Handel (29,73%). An erster Stelle ist bei den Männern ebenfalls die Medienbranche zusammen mit der Automobilindustrie mit jeweils 43,75%. Die Werbebranche

liegt mit 40,63% auf Platz zwei, gefolgt von der Logistikbranche mit 37,50%. Den vierten Platz teilen sich die Energieversorgung und der Handel mit jeweils 34,38%. Das Schlusslicht der Top 5 der Männer bildet die Selbstständigkeit (31,25%).
Zusätzlich zu den vorgegebenen Antwortmöglichkeiten wurden von den männlichen Studierenden noch folgende Branchen genannt: Sportmanagement (2 Nennungen), Spielzeugindustrie (1 Nennung) und Consulting (1 Nennung). Jeweils eine Nennung erhielten auch das Sportmanagement, Consulting, Eventmanagement sowie die Baubranche von den weiblichen Studierenden. Eine weitere Antwortalternative, die unter „Sonstiges" eingetragen wurde, war „weiß ich noch nicht".
Aus der Tabelle wird weiterhin ersichtlich, dass die Branchen der Mineralöl und Spaltprodukte (0,00%), Elektrotechnik und Elektroindustrie (1,35%) sowie des Maschinen- und Anlagenbaus (1,35%) für die weiblichen Studierenden als wenig attraktiv erscheinen. Hier sollte im Rahmen des Hochschulmarketings gezielt auf die Ansprache der weiblichen Personen geachtet werden.

7.3 Bemerkungen zur Befragung

Im Allgemeinen bekundeten die Studierenden großes Interesse an dem Fragebogen und an der Thematik des Hochschulmarketings. Dennoch wurden einige Kritikpunkte geäußert. Die Bearbeitungszeit von 10 Minuten für das Ausfüllen des Fragebogens empfanden einige Studierende als zu knapp.
Zur Auswertung ist zu sagen, dass aufgrund des hohen weiblichen Anteils auf eine Darstellung, die die Ansichten aller Befragten widerspiegelt, verzichtet wurde, da diese Resultate sich sehr stark an die weiblichen Antwortkategorien angenähert hätten. Somit wäre das Gesamtbild als verzerrt erschienen.
Auffallend ist, dass die weiblichen Studierenden sehr viele Aspekte als eher wichtig bewerten bzw. einen höheren Nutzen in den einzelnen Faktoren sehen als die männlichen Studierenden.
Des Weiteren wurde bei der Auswertung der Frage 4 festgestellt, dass öfter keine Angaben beim Aspekt „partizipativer Führungsstil" gemacht wurden. Da sich der Großteil der Befragten im 1. bzw. 2. Semester des Bachelorstudiengangs befindet,

ist davon auszugehen, dass die Studierenden bisher nichts mit diesem Begriff anfangen konnten.
Bei der 6. Frage bezüglich der Unternehmensgröße wäre es sinnvoll gewesen als mögliche Antwortkategorie ‚spielt keine Rolle' zu ergänzen. Dadurch hätte festgestellt werden können, ob die Unternehmensgröße tatsächlich als derart „eher unwichtig" eingestuft wird, wie es bei Frage 4 der Fall war, sodass es noch nicht einmal Präferenzen gibt.
Die Antwort bei der Frage 9 wurde von den Befragten des Öfteren von „nein" zu „ja" korrigiert. Die Frage hätte anders formuliert werden sollen, so dass den Studierenden direkt klar gewesen wäre, dass mit „offener Stelle" nicht nur eine Arbeitsstelle gemeint ist, sondern auch z. B. Praktikumsstellen oder Ausbildungsstellen.
Nach der Auswertung der Resultate werden nun im nächsten Kapitel Gestaltungsempfehlungen aufgezeigt.

8. GESTALTUNGSEMPFEHLUNGEN

Aufgrund der behandelten Theorie und der Resultate aus der empirischen Studie lässt sich eine Reihe von Gestaltungsempfehlungen für Unternehmen in Bezug auf das Hochschulmarketing ableiten.

Zunächst wird eine frühzeitige Kontaktaufnahme mit den Studierenden empfohlen. Die Instrumente, die das Hochschulmarketing bietet, sollten vielseitig eingesetzt werden. Optimal ist ein Mix aus Aktion und Information, der der zielgruppenspezifischen Ansprache entspricht.[141] Hierzu eignen sich vor allem Informationsveranstaltungen und die Vergabe von Praktika, da diese besonders hoch von den Studierenden als Mittel zur Erlangung von Informationen bewertet wurden. Auf diese Weise kann die Attraktivität eines Unternehmens bei den Studierenden erhöht werden, da die Studierenden die Möglichkeit erhalten, Einblicke in das Unternehmen zu gewinnen und abwägen können, ob die gewünschten Erwartungen mit der Realität übereinstimmen. Die Unternehmen wiederum können anhand von Praktika oder auch Seminaren das Arbeitsverhalten beurteilen und auf diese Weise bereits eine Vorselektion treffen. Es kann also auch allen Studierenden geraten werden, schon während des Studiums Praktika zu absolvieren. Im besten Fall wird den Studierenden dann nach dem Studium ein Arbeitsvertrag angeboten. Ansonsten hatten sie zumindest die Gelegenheit Praxiserfahrungen zu sammeln und konnten einen Einblick in den Arbeitsalltag und die Branche erlangen.

Auch wenn die Studierenden Stellenanzeigen heutzutage immer noch für sehr geeignet halten, um sich über offene Stellen zu informieren, reicht dieses Mittel inzwischen nicht mehr alleine aus. Das Internet nimmt einen immer höheren Stellenwert ein. Besonderes Interesse widmen die Studierenden der Unternehmenshomepage. Von daher ist es wichtig, dass mit Hilfe eines guten Content Management System die Homepage ständig aktualisiert wird. Die Unternehmenshomepage eignet sich auch zur Veröffentlichung von Stellenanzeigen. Zusätzlich sollten noch weitere und detaillierte Informationen zur Verfügung gestellt werden. Diese sollten durch ein klares Navigationsmenü leicht auffindbar sein. Des Weiteren sollten die Interaktionsmöglichkeiten mehr Beachtung finden. Auch durch das Internet kann der direkte Austausch gefördert werden. Facebook findet zwar hinsichtlich der Informationsbeschaffung über offene Stellen noch geringen Zuspruch,

[141] Vgl. Thom/Friedli (2008), S. 70

dennoch wird es genutzt. Unternehmen sollten die sozialen Netzwerke nutzen, um sich mit den potentiellen Hochschulabsolventen zu vernetzen. Über Facebook können z. B. auch Links gepostet werden, die auf vakante Stellen auf der Unternehmenshomepage verweisen.

Des Weiteren sollte ein Unternehmen, damit es gegenüber anderen Unternehmen bevorzugt wird, ein wirkungsvolles Anreizsystem entwickeln. Dieses sollte sich aus materiellen, immateriellen und sozialen Anreizen zusammensetzen.[142] Aus den Abbildungen 11 und 12 können die wichtigsten Aspekte bei der Erststellenwahl nach dem Studium entnommen werden, die bei der Anreizgestaltung berücksichtigt werden sollten. Auf folgende Aspekte wird nun näher eingegangen: hohe Entlohnung, positives Betriebsklima, Aufstiegsmöglichkeiten, Arbeitsinhalt und Arbeitsplatzsicherheit.
Lediglich die hohe Entlohnung stellt einen materiellen Anreiz dar und ist direkt feststellbar und die Höhe kann leicht nach außen kommuniziert werden. Wie bereits erwähnt, ist die Entlohnung in den meisten Fällen tarifvertraglich festgelegt worden und es besteht nur wenig Spielraum für Verhandlungen. Die Höhe der Entlohnung drückt zwar einerseits die Wertschätzung der getätigten Arbeit aus, aber andererseits kann durch eine zu hohe Entlohnung auch auf negative Eigenschaften geschlossen werden. Laut Schmidtke ist die Entlohnung ein universelles Signal und lässt Rückschlüsse auf nicht direkt beobachtbare Arbeits- und Unternehmenscharakteristika, wie z. B. die Arbeitsplatzsicherheit und das Betriebsklima, zu. Das heißt, dass Unternehmen, die nicht die gewünschten Aspekte der Arbeitnehmer erfüllen, dies mit einer hohen Entlohnung kompensieren müssen, um eine hohe Fluktuation zu vermeiden. Demnach können es sich Unternehmen, die eine Vielzahl der Erwartungen von Arbeitnehmern erfüllen, leisten ein geringeres Entgelt zu zahlen. Es ist jedoch fraglich, dass selbst den männlichen Studierenden, den die hohe Entlohnung sehr wichtig ist, damit allein entgegengekommen werden kann und deren Bedürfnisse befriedigt werden. Eine hohe Entlohnung kann nur zu einem gewissen Grad negative Arbeitsplatzeigenschaften kompensieren.[143] Deshalb wird geraten, dass äußerst vorsichtig mit einer hohen Entlohnung geworben werden sollte, da schnell ein negativer Beigeschmack entstehen könnte.

---

[142] Vgl. Thom/Friedli (2008), S. 85
[143] Vgl. Schmidtke (2002), S. 128f.

Ein positives Betriebsklima ist, wie alle anderen oben genannten Aspekte abgesehen von der Entlohnung, ein nicht direkt beobachtbares Merkmal. Es ist daher schwierig etwas über das Betriebsklima zu erfahren, wenn der Bewerber noch nie im betreffenden Unternehmen gearbeitet hat. Es gibt jedoch einige Faktoren, die auf ein positives Betriebsklima hindeuten lassen. Das Vorhandensein eines Betriebsrats ist ein solcher Faktor. Ein Betriebsrat vertritt die Interessen und Rechte der Arbeitnehmer und sorgt für eine reibungslose Kommunikation zwischen Arbeitgeber und Arbeitnehmern, indem beide Interessengruppen mit aktuellen Informationen über Geschehnisse und Veränderungen versorgt werden. Ein weiterer Faktor, der auf ein positives Betriebsklima schließen lässt, sind regelmäßige Besprechungen zwischen dem Vorgesetzten und seinen Mitarbeitern. Zweck dieser Besprechungen ist es, einerseits fachliche Probleme, Aufgaben und Vorgänge zu erörtern und andererseits auch zwischenmenschliche Beziehungen zu stärken bzw. Konflikte zu vermeiden oder zu lösen.[144] Außerdem weisen außerbetriebliche Veranstaltungen, Aktivitäten, wie z. B. unternehmensinterne Sportkurse oder eine Fußballmannschaft, und Feste auf ein harmonisches Betriebsklima hin. Vor allem aber kann ein Mentor für Hochschulabsolventen, die gerade in den Beruf einsteigen, eine große Hilfe darstellen. Ein Mentor dient als Ansprechpartner und macht die Berufseinsteiger mit den betrieblichen Abläufen und dem Kommunikationsstrukturen vertraut, um ihnen so die Integration in das Unternehmen zu erleichtern. Dies sind alles Aspekte, die ein Unternehmen nach außen kommunizieren kann, aber auch der Bewerber kann diese erfragen, um einen ersten Eindruck über das Betriebsklima zu erhalten.

Der sowohl bei den weiblichen als auch männlichen Studierenden stark ausgeprägte Wunsch nach Aufstiegsmöglichkeiten kann mit der Erwartung, eine anspruchsvolle und vielseitige Tätigkeiten zu verrichten, in Zusammenhang gebracht werden. Das Schlüsselwort in diesem Kontext lautet: Aus- und Weiterbildungsangebot. Das Aus- und Weiterbildungsangebot ist auch ein Aspekt, der für beide Geschlechter bei der Erstellenwahl nach dem Studium von Bedeutung ist. Anhand des Aus- und Weiterbildungsangebots kann ersichtlich werden, ob es Entwicklungsmöglichkeiten in einem Unternehmen gibt. Ein Unternehmen wird kaum in Weiterbildungen investieren, wenn es dazu nicht eine Verwendung im Unternehmen gibt, da diese dann nur verschwendete Zeit und Kosten für ein Unternehmen

[144] Vgl. Schmidtke (2002), S. 117ff.

darstellen. Des Weiteren sind Aus- und Weiterbildungsangebote ein Indiz dafür, dass die Arbeitstätigkeit anspruchvoll und abwechslungsreich ist, weil aus vielseitigen Arbeitsaufgaben häufiger die Notwendigkeit entsteht, die Qualifikationen und Kompetenzen anzupassen. Tätigkeiten hingegen, die monoton sind und als Routineaufgaben angesehen werden können, bedürfen keiner Weiterbildung.[145] Unternehmen sollten daher frühzeitig auf ihr internes sowie externes Weiterbildungsangebot aufmerksam machen. Bisher wird dieses Thema aber weder in Stellenanzeigen, auf der Unternehmenshomepage, bei Informationsveranstaltungen noch bei einem Vorstellungsgespräch ausreichend belichtet. Insbesondere Personalimageanzeigen, die die Karrieren einzelner Mitarbeiter darstellen, eignen sich hier besonders gut. Es kann genau aufgezeigt werden mit welchen Voraussetzungen der beispielhafte Mitarbeiter in das Unternehmen eingetreten ist und welche Weiterbildungsangebote er in Anspruch genommen hat und wie somit seine Karriere verlaufen ist.

Auch die Arbeitsplatzsicherheit kann in Maßen nach außen kommuniziert werden. Selbstverständlich erhält ein Bewerber keine Auskunft darüber, wie viele Mitarbeiter in den letzten Monaten gekündigt worden sind. Jedoch gibt es einige Merkmale, die auf einen relativ sicheren Arbeitsplatz schließen lassen. Das Vorhandensein eines Betriebsrats stärkt das Vertrauen in der Sicherheit des Arbeitsplatzes. Denn vor jeder Kündigung seitens des Arbeitgebers ist der Betriebsrat anzuhören, so dass willkürliche Entlassungen unterbunden werden können. Darüber hinaus deutet auch das Aus- und Weiterbildungsangebot auf Arbeitsplatzsicherheit hin. Eine Weiterbildung wird als Investition angesehen, um langfristig Verbesserungen zu erzielen.[146] Unternehmen verfolgen damit also langfristige Ziele. Neue Produkte und Produktentwicklungen lassen außerdem hoffen, dass die Kunden weiterhin an dem Unternehmen und seinen Waren interessiert sind und somit der Umsatz nicht einbrechen wird. Natürlich kann kein Unternehmen Arbeitsplatzsicherheit garantieren, vor allem nicht in Krisenzeiten, wie zuletzt bei der Weltwirtschaftskrise im Jahr 2008. In Krisenzeiten haben jedoch Unternehmen, die Produkte für mehrere Branchen herstellen, bessere Chancen diese Zeit relativ unbeschadet zu überstehen, da zumeist nicht alle Branchen gleichzeitig zusammenbrechen und somit das Risiko zerstreut wird.

---

[145] Vgl. Schmidtke (2002), S. 121ff.
[146] Vgl. Schmidtke (2002), S. 126f.

Abschließend lässt sich sagen, dass die oben genannten Aspekte in den Werbemaßnahmen berücksichtigt werden sollten, um gezielter auf die Wünsche und Erwartungen der potentiellen Hochschulabsolventen einzugehen. Wichtig ist jedoch vor allem, dass die Instrumente des Hochschulmarketings genutzt werden, denn nach Nelson glauben die Umworbenen, dass ein Produkt, in diesem Fall ein Arbeitsplatz, umso besser ist, je mehr Werbung dafür betrieben wird.[147]

---

[147] Vgl. Nelson (1974), S. 732

9. FAZIT

Zusammenfassend lässt sich sagen, dass sich der Arbeitsmarkt im Umbruch befindet. Das Arbeitskräfteangebot und die –nachfrage befinden sich im Ungleichgewicht. Unternehmen befinden sich somit im starken Wettbewerb um qualifizierte Arbeitnehmer zu rekrutieren. Dies erfordert ein Umdenken in der Personalgewinnung. Daher nimmt die Idee des klassischen Absatzmarketings einen immer höheren Stellenwert im Rahmen des Personalmarketings ein. Potentielle Mitarbeiter gilt es zu umwerben. Die Bedürfnisse von potentiellen Mitarbeitern müssen berücksichtigt werden, damit sich diese für ein bestimmtes Unternehmen entscheiden.
Die Gründe für die angespannte Arbeitsmarktsituation, die sich wiederum auf das Personalmarketing auswirken und den Bedarf an Hochschulabsolventen erhöhen, sind vielfältig. Ein Grund kann im Einsatz neuer Technologien gesehen werden. Durch die Verbreitung von Informations- und Kommunikationstechnologien und die Veränderung des Aufgabenbereiches aufgrund des technologischen Fortschritts steigt die Nachfrage nach höher qualifiziertem Personal, das diesen neuen Anforderungen gerecht werden kann. Dies betrifft vor allem Führungsaufgaben, Management sowie Forschung und Entwicklung. Auch der Wertewandel erfordert neue Konzepte im Personalmarketing. Es kann zwar nicht von einem einheitlichen Wertesystem gesprochen werden, sondern von Wertepluralisierung. Jedoch rücken postmaterielle Werte stark in den Vordergrund. So gewinnt z. B. die Freizeit an Bedeutung und der Wunsch nach Selbstverwirklichung im Berufleben wächst. Des Weiteren sorgt die zunehmende Internationalisierung dafür, dass neue anspruchsvolle Aktivitäten im Ausland zunehmen und somit kulturelle Kompetenzen erforderlich sind. Die demografische Entwicklung beeinflusst selbstverständlich auch die Arbeitsmarktsituation. Die Bevölkerungszahl sinkt stetig, da die Geburtenrate sehr niedrig ist, so dass die Bevölkerung stark altert. Dies wirkt sich wiederum auf den Arbeits- und Hochschulmarkt aus. Zum einem sinkt die Zahl der erwerbstätigen Personen und zum anderen auch die Zahl der Hochschulabsolventen, die aber für Unternehmen aufgrund der immer anspruchsvolleren Aufgaben wichtig sind. Studierende verfügen häufig über Fremdsprachenkenntnisse und über Interkulturelle Kompetenzen, die sie sich während des Studiums und/oder einem Auslandsaufenthalts angeeignet haben und die im Angesicht der Internatio-

nalisierung von entscheidender Bedeutung sind. Zudem fällt es ihnen auch oft leichter als den älteren Erwerbstätigen mit neuen Technologien umzugehen.
Das Personalmarketing steht somit aktuell vor vielen Herausforderungen. Das Ziel des Personalmarketings ist es, neue Mitarbeiter zu rekrutieren. Hierzu stehen ihm die Instrumente des klassischen Marketing-Mix, bestehend aus der Produkt-, Preis-, Distributions-, und Kommunikationspolitik, zur Verfügung. Die Produktpolitik befasst sich im Rahmen des Personalmarketings direkt mit den Attributen der Arbeitsplätze. Dies betrifft z. B. den Arbeitsinhalt, Aus- und Weiterbildungsmöglichkeiten sowie das Betriebsklima. Die Preispolitik beschäftigt sich mit den monetären und nicht-monetären Leistungen. Die monetäre Leistung, die sich hauptsächlich auf die Entlohnung bezieht, ist häufig durch Tarifvereinbarungen festgelegt. Es besteht jedoch Spielraum bei den nicht-monetären Leistungen, die z. B. betriebliche Sozialeinrichtungen und die Arbeitszeitgestaltung betreffen. Die Distributionspolitik legt die Vertriebswege fest. Diese können direkt, z. B. auf Messen, oder indirekt, z. B. durch Stellenanzeigen, sein. Die Kommunikationspolitik versucht durch die allgemeine PR-Arbeit, den allgemeinen Verkauf sowie der Personalwerbung Präferenzen hinsichtlich des Unternehmens bei den Bewerbern aufzubauen, um sie zu einer Bewerbung bzw. zum Eintritt zu motivieren.
Das Hochschulmarketing, welches im direkten Zusammenhang mit dem Personalmarketing steht, befasst sich mit der zielgruppenspezifische Ansprache der potentiellen Hochschulabsolventen und Studierenden, um diese im Anschluss an das Studium für ein Unternehmen als Mitarbeiter zu gewinnen. Eine Vielzahl von Instrumenten steht dem Hochschulmarketing dafür zur Verfügung. Diese können sowohl nach Ort als auch nach der Funktion unterschieden werden. Die Kombination der Instrumente und deren Intensität bestimmen den Erfolg des Hochschulmarketings. Die Instrumente sollten zuerst so eingesetzt werden, dass möglichst viele Studierende angesprochen werden, damit diese auf das Unternehmen aufmerksam werden. Danach sollte der Selektionsprozess beginnen bis schließlich ein geeigneter Kandidat für eine offene Stelle gefunden wurde. Events und die Rekrutierung via Internet gewinnen in diesem Zusammenhang immer mehr an Bedeutung.
Bei der empirischen Studie konnten klare Präferenzen der zukünftigen Absolventen bezüglich der Erstellenwahl und der Informationskanäle festgestellt werden. Die wichtigsten Aspekte hinsichtlich der Erststellenwahl nach dem Studium sind

ein positives Betriebsklima, der Arbeitsinhalt, die Arbeitsplatzsicherheit, Aufstiegsmöglichkeiten, das Aus- und Weiterbildungsangebot, Vereinbarkeit mit dem Privatleben, Internationalität, Kollegen sowie eine hohe Entlohnung. Die Studierenden wünschen sich vor allem eine vielseitige und anspruchsvolle Tätigkeit. Es wurde auch deutlich, dass die weiblichen Studierenden mehr Wert auf das Branchenimage legen. Die bevorzugten persönlichen Informationskanäle sind eigene Erfahrungen, z. B. durch Praktika, Beziehungen zu Mitarbeitern, Informationsveranstaltungen, Freunde und Bekannte und Firmenvorträge an der Uni. Die Unternehmenshomepage, Stellenanzeigen und das Internet im Allgemeinen konnten als die bevorzugten unpersönlichen Informationskanäle identifiziert werden. Auffällig ist, dass die Studierenden sich eine Vielzahl von Informationen bezüglich einer offenen Stelle einholen möchten. Hierbei stehen im die Tätigkeitsbeschreibung, das Anforderungsprofil sowie generelle Informationen über das Unternehmen im Vordergrund. Die Ergebnisse der Studie zeigen außerdem, dass die weiblichen Studierenden tendenziell alles als wichtiger einstufen als die männlichen Studierenden.
Diese Ergebnisse sollten Unternehmen in ihrer Kommunikation zu den Studierenden im Rahmen des Hochschulmarketings mehr beachten. Insbesondere Branchen, die für Frauen wenig attraktiv erscheinen, sollten dies mehr in ihrer Kommunikation mit den weiblichen Studierenden berücksichtigen, um auch Frauen für ihr Unternehmen zu gewinnen. Die nicht-beobachtbaren Aspekte, die bei der Erststellenwahl als wichtig eingestuft wurden, wie z. B. ein positives Betriebsklima, Aufstiegsmöglichkeiten, vielseitige Tätigkeit und Arbeitsplatzsicherheit, müssen durch beobachtbare Eigenschaften nach außen kommuniziert werden. Merkmale, die auf ein positives Betriebsklima hindeuten lassen, sind das Vorhandensein eines Betriebsrats, regelmäßige Mitarbeitergespräche und betriebliche Veranstaltungen oder Aktivitäten. Ebenso signalisiert das Vorhandensein eines Betriebsrats sowie ein umfangreiches Aus- und Weiterbildungsangebot und innovative Produkte und Technologien die Arbeitsplatzsicherheit. Aus- und Weiterbildungsangebote weisen außerdem auf Aufstiegsmöglichkeiten und eine vielseitige Tätigkeit hin. Unternehmen müssen folglich mehr Informationen, die für die Studierenden ausschlaggebend sind, um sich für ein bestimmtes Unternehmen zu entscheiden, veröffentlichen. Die Unternehmenshomepage, die insgesamt als wichtigster Informationskanal bewertet wurde, eignet sich dafür besonders, ebenso Broschüren, die z. B.

auf Informationsveranstaltungen oder Firmenvorträgen verteilt werden können. Bisher werden die nicht beobachtbaren Merkmale in Stellenanzeigen häufig außer Acht gelassen oder nicht ausreichend mit greifbaren Merkmalen dargestellt. Abschließend lässt sich sagen, dass Unternehmen ihre Aktivitäten im Hochschulmarketing mehr den Erwartungen und Bedürfnissen der Studierenden anpassen sollten, um zufriedenstellende Ergebnisse zu erzielen.

10. LITERATURVERZEICHNIS

Arnold, Ulli/Wächter, Hartmut (1975): Personalbeschaffung. In: Gaugler, Eduard (Hrsg.): Handwörterbuch des Personalwesens, Stuttgart: Schäffer-Poeschel, Sp. 1509.

Batz, Manfred (1996): Erfolgreiches Personalmarketing: Personalverantwortung aus marktorientierter Sicht, Heidelberg: Sauer.

Berk, Birgit van (1992): Personalmarketing in der Großindustrie: Das Beispiel der Volkswagen AG. In: Strutz, Hans (Hrsg.): Strategien des Personalmarketing: Was erfolgreiche Unternehmen besser machen, Wiesbaden: Gabler, S. 221-226.

Bögelein, Margareta (1999): Marktübersicht: Online-Jobbörsen. In: Personal, 51. Jg. 1999, Heft Nr. 12, S. 592-598.

Böhme, Gerhard: Der Mitarbeiter in den 90er Jahren. In: BeitrAB 111 des Institutes für Arbeitsmarkt und Berufsforschung der Bundesanstalt für Arbeit, Nürnberg, S. 57.

Breisig, Thomas (2005): Personal – Eine Einführung aus arbeitspolitischer Perspektive, Herne und Berlin: Neue Wirschafts-Briefe.

Bundesministerium des Innern (2011): Demografiebericht. [online] Homepage: Bundesministerium des Innern URL: http://www.bmi.bund.de/SharedDocs/Downloads/DE/Broschueren/2011/demografiebericht.pdf?__blob=publicationFile [PDF-Datei] [Stand 20.04.2012]

Bundesministerium des Innern (2011): Studierende und Studienanfänger/-innen im 1. Hochschulsemester nach Fächergruppen, Hochschulart und Geschlecht. [online] Homepage: BMBF. URL: http://www.bmbf.de/daten-portal/Tabelle-2.5.21.html [Stand 22.04.2012]

Deutscher Industrie- und Handelskammertag (2011): DIHK Mittelstandsreport. [online] Homepage: IHK URL: http://www.dihk.de/ressourcen/downloads/mittelstandsreport-2011 [PDF-Datei] [Stand 23.03.2011]

Dietmann, Evelyne (1993): Personalmarketing: ein Ansatz zielgruppenorientierter Personalpolitik, Wiesbaden: Deutscher Universitätsverlag.

Drumm, Hans Jürgen (2008): Personalwirtschaft, 6., überarb. Auflage, Berlin u.a.: Springer.

Franke, Heinrich (1990): Brennpunkt Arbeitsmarkt. Ein Lehrbuch für politische und betriebliche Praxis, Percha: Schulz.

Freimuth, Joachim (1987): Entwicklungstendenzen und mögliche Ansätze gezielter Beschäftigungsstrategien auf dem Arbeitsmarkt für Ingenieure. In: Personal – Mensch und Arbeit, Nr. 2/1987, S. 58.

Fröhlich, Werner (1987): Strategisches Personalmarketing. Kontinuierliche Unternehmensentwicklung durch systematische Ausnutzung interner und externer Qualifikationspotentiale, Düsseldorf: VDI.

Fröhlich, Werner (2004): Nachhaltiges Personalmarketing. In: Fröhlich, Werner (Hrsg.): Nachhaltiges Personalmarketing: Strategische Ansätze und Erfolgskonzepte aus der Praxis, 1. Auflage, Frechen: Datakontext-Fachverlag, S. 15-16.

Giesen, Birgit (1998): Personalmarketing – Gewinnung und Motivation von Fach- und Führungsnachwuchskräften. In: Thom, Norbert/Giesen, Birgit (Hrgs.): Entwicklungskonzepte und Personalmarketing für den Fach- und Führungsnachwuchs, 2. Auflage, Köln: Staufenbiel, S. 97.

Haunschild, Axel (2000): Personalbeschaffung über das Internet aus informationsökonomischer Perspektive. In: Wirtschaftswissenschaftliches Studium, 29. Jg., S. 314.

Hentze, Joachim/Kammel, Andreas (2001): Personalwirtschaftslehre 1: Grundlagen, Personalbedarfsermittlung, -beschaffung, -entwicklung und -einsatz, 7. Auflage, Bern, Stuttgart und Wien: Haupt.

Himmelreich, Fritz-Heinz (1993): Arbeitsmarktanalyse. In: Strutz, Hans (Hrsg.): Handbuch Personalmarketing, 2., erw. Auflage, Wiesbaden: Gabler, S. 42.

Inglehart, Ronald (1979): Wertewandel in den westlichen Gesellschaften: Politische Konsequenzen von materialistischen und postmaterialistischen Prioritäten. In: Klages, Helmut/Kmieciak, Peter (Hrsg.): Wertewandel und gesellschaftlicher Wandel, Frankfurt a. M. und New York: Campus, S. 280-284.

Jäger, Katja/Schumacher, Solveig (2004): Person@lmarketing für Top-Nachwuchs – was steckt dahinter? In: Fröhlich, Werner (Hrsg.): Nachhaltiges Personalmarketing: Strategische Ansätze und Erfolgskonzepte aus der Praxis, 1. Auflage, Frechen: Datakontext-Fachverlag, S. 252-255.

Jäger, Uwe / Wittenzeller, Helmut (2000): Rekrutierung über das Internet. In: Personalführung Plus, o. Jg., Nr. 2, S. 7-13.

Jaritz, André/Wunderer, Rolf (2007): Unternehmerisches Personalcontrolling: Evaluation der Wertschöpfung im Personalmanagement, 4., aktual. Auflage, Köln: Luchterhand.

Kirchhofer, Rainer (o. J.): Nur noch über das Internet? Die Stellenvermittlung aus der Sicht des Arbeitgebers. In: Jobkompass – Stellensuche auf dem Internet, hrsg. v. Swift Management AG, Reinach. S. 22.

Klages, Helmut (1984): Wertorientierungen im Wandel. Rückblick, Gegenwartsanalyse, Prognosen, Frankfurt und New York: Campus.

Kolter, Esther Rahel (1991): Strategisches Personalmarketing an Hochschulen: Ergebnisse eines Dreiländervergleichs, München u.a.: Hampp.

Kulturministerkonferenz (2011): Vorausberechnung der Schüler- und Absolventenzahlen 2010 bis 2025. [online] Kulturministerkonferenz URL: http://www.kmk.org/fileadmin/pdf/Statistik/Dokumentation_Nr._192.pdf [PDF-Datei] [Stand 22.04.2012]

Kulturministerkonferenz (2012): Vorausberechnung der Schüler- und Absolventenzahlen 2012 bis 2025. [online] Kulturministerkonferenz URL: http://www.kmk.org/fileadmin/pdf/Statistik/Vorausberechnung_der_Studienanfaengerzahlen_2012-2025_01.pdf [PDF-Datei] [Stand 20.04.2012]

Kürn, Hans-Christoph (2009): Kandidaten dort abholen, wo sie sind: Wie Web 2.0 das Recruiting und Personalmarketing verändert. In: Trost, Armin (Hrsg.): Employer Branding: Arbeitgeber positionieren und präsentieren, Köln: Luchterhand, S. 150-152.

Laske, Stephan et al. (1991): Arbeitsmarkt- und Berufperspektiven in Tirol, Innsbruck: Institut für Wirtschaftspädagogik und Personalwirtschaft.

Leuenberger, Matthias (2001): Personalmarketing aus der Sicht der Studierenden. Literaturanalyse und empirische Untersuchung. Unveröffentlichte Lizentiatsarbeit am Institut für Organisation und Personal der Universität Bern, Bern.

Metzger, Roland/Funk, Christopher/Post, Kerstin (1998): Bewerben im Internet: Stellenangebote und Bewerbungen online, Niedernhausen/Ts.: Falken.

Moser, Klaus (1993): Personalmarketing: Einführung und Überblick. In: Moser, Klaus/Stehle, Willi/Schuler, Heinz (Hrsg.): Personalmarketing, 2., überarb. und erw. Auflage, Göttingen u.a.: Verlag für Angewandte Psychologie, S. 15.

Nawrocki, Joachim (1986): Personal-Image-Werbung: Ein neues Instrument für den sich wandelnden Arbeitsmarkt. In: Die Zeit: Personalwerbung aktuell, Hamburg, S. 7-8.

Nelson, Phillip (1974): Advertising as Information, in: Journal of Political Economy, 82. Jg., S. 732.

Noelle Neumann, Elisabeth/Strümpel, Burkhard (1985): Macht Arbeit krank? Macht Arbeit glücklich? Eine aktuelle Kontroverse, 2. Auflage, München: Piper.

Opaschowski, Horst W. (1989): Wie arbeiten wir nach dem Jahr 2000? Freizeit-Impulse für die Arbeitswelt von morgen. Eine Projektstudie zur Freizeitforschung, BAT Freizeit-Forschungsinstitut: Hamburg.

Reich, Karl-Heinz (1992): Der Einsatz von Marketinginstrumenten im Personalbereich. In: Strutz, Hans (Hrsg.): Strategien des Personalmarketing: Was erfolgreiche Unternehmen besser machen, Wiesbaden: Gabler, S. 19-25.

Reich, Karl-Heinz (1993): Personalmarketing-Konzeption. In: Strutz, Hans (Hrsg.): Handbuch Personalmarketing, 2., erw. Auflage, Wiesbaden: Gabler, S. 164-165.

Ridder, Hans-Gerd (1988): Personalentwicklung und technischer Wandel. In: Personalwirtschaft 3, S. 123.

Rosenstiel, Lutz von (1989): Kann eine wertorientierte Personalpolitik eine Antwort auf den Wertewandel in der Gesellschaft sein? In: Marr, Rainer/Reichwald, Ralf (Hrsg.): Mitarbeiterorientierte Unternehmenskultur, Berlin: Schmidt, S. 52-53.

Rosenstiel, Lutz von/Stengel, Martin (1987): Identifikationskrise? Zum Engagement in betrieblichen Führungspositionen, Bern, Stuttgart und Toronto: Huber.

Schmidt, Simone (2004): Hochschulmarketing. Grundlagen, Konzepte, Perspektiven, Düsseldorf: VDM.

Schmidtke, Corinna (2002): Signaling im Personalmarketing: eine theoretische und empirische Analyse des betrieblichen Rekrutierungserfolges, München u.a.: Hampp.

Scholz, Christian (1993): Personalmanagement, 3., neubearb. und erw. Auflage, München: Vahlen.

Schwaab, Markus-Oliver (1993): Erwartungen an einen Arbeitgeber. In: Moser, Klaus/Stehle, Willi/Schuler, Heinz (Hrsg.): Personalmarketing, 2., überarb. und erw. Auflage, Göttingen u.a.: Verlag für Angewandte Psychologie, S. 20-33.

Simon, Hermann et al. (1995): Effektives Personalmarketing: Strategien, Instrumente, Fallstudien, Wiesbaden: Gabler.

Statistisches Bundesamt (2006): Bevölkerung Deutschlands bis 2050. [online] Homepage: Statistisches Bundesamt URL: https://www.destatis.de/DE/PresseService/Presse/Pressekonferenzen/2006/Bevoelkerungsentwicklung/bevoelkerungsprojektion2050.pdf?__blob=publicationFile [PDF-Datei] [Stand 22.04.2012]

Statistisches Bundesamt (2009): Bevölkerung Deutschlands bis 2060. [online] Homepage: Bundesministerium des Innern URL: http://www.bmi.bund.de/SharedDocs/Downloads/DE/Themen/Politik_Gesellschaft/DemographEntwicklung/bev%C3%B6lkerungsentwicklung_2060.pdf?__blob=publicationFile [PDF-Datei] [Stand 20.04.2012]

Statistisches Bundesamt (2011): Deutsche Studierende im Ausland. [online] Homepage: Statistisches Bundesamt URL: https://www.destatis.de/DE/Publikationen/Thematisch/BildungForschungKultur/Hochschulen/StudierendeAusland5217101117004.pdf?__blob=publicationFile [PDF-Datei] [Stand 22.04.2012]

Stehle, Willi (1993): Ansprache von Bewerbern – dargestellt am Beispiel der Ansprache von Hochschulabsolventen. In: Moser, Klaus/Stehle, Willi/Schuler, Heinz (Hrsg.): Personalmarketing, 2., überarb. und erw. Auflage, Göttingen u.a.: Verlag für Angewandte Psychologie, S. 45.

Stengel, Martin (1991): Wertewandel. In: Rosenstiel, Lutz von (Hrsg.): Führung von Mitarbeitern. Handbuch für erfolgreiches Personalmanagement, Stuttgart: Schäffer-Poeschel, S. 560-561.

Stotz, Waldemar/Wedel, Anne (2009): Employer Branding: mit Strategie zum bevorzugten Arbeitgeber, München: Oldenbourg.

Strutz, Hans (1992): Personalmarketing: Alter Wein in neuen Schläuchen? In: Strutz, Hans (Hrsg.): Strategien des Personalmarketing: Was erfolgreiche Unternehmen besser machen, Wiesbaden: Gabler, S. 6-13.

Strutz, Hans (1993): Ziele und Aufgaben des Personalmarketing. In: Strutz, Hans (Hrsg.): Handbuch Personalmarketing, 2., erw. Auflage, Wiesbaden: Gabler, S. 14.

Tagesschau: Bildungsbericht der OECD. [online] Homepage: Norddeutscher Rundfunk. URL: http://www.tagesschau.de/inland/oecd160.html [Stand 23.03.2011]

Thom, Norbert/Friedli, Vera (2008): Hochschulabsolventen gewinnen, fördern und erhalten, 4., überarb. Auflage, Bern u.a.: Haupt.

University Connection-Institut für Management und Marketing GmbH (UNIC) (1987): Strategisches Personalmarketing beim technischen Führungsnachwuchs (Maschinenbauingenieure). Eine Studie für das Personalmarketing der BMW Aktiengesellschaft, Bonn.

Wunderer Rolf (1975): Personalwerbung. In: Gaugler, Eduard (Hrsg.): Handwörterbuch des Personalwesens, Stuttgart: Schäffer-Poeschel, Sp. 1689-1708.

Wunderer, Rolf (1995): Personalmarketing. In: Bruhn, Manfred (Hrsg.): Internes Marketing: Integration der Kunden- und Mitarbeiterorientierung, Wiesbaden: Gabler, S. 345.

11. ANHANG

Anhang 1: Fragebogen

Personalmarketing

Im Zuge meiner Bachelorarbeit zu dem Thema "Personalmarketing" am Lehrstuhl Arbeits- und Organisationspsychologie möchte ich untersuchen, welche Unternehmens- und Arbeitgebercharakteristika für Studenten von Bedeutung sind und welche Maßnahmen im Rahmen des Hochschulmarketings erfolgsversprechend scheinen.
Die Beantwortung des Fragebogens dauert ca. 10 Minuten. Die Ergebnisse dieser Befragung werden einen bedeutenden Teil in meiner Bachelorarbeit einnehmen. Natürlich ist dieser Fragebogen anonym.

Vielen Dank für deine Mithilfe!

1. Du bist: ○ weiblich ○ männlich

2. Welches Studium absolvierst du an der Universität Flensburg?
○ International Management (Bachelor) ○ Management Studies (Master)

3. Wie weit bist du in deinem Studium?
○ 1. - 2. Semester ○ 3. - 4. Semester ○ 5. - 6. Semester
○ 7. - 8. Semester ○ über 8. Semester

4. Wie wichtig sind für dich folgende Aspekte bei der Wahl deiner Erststelle nach dem Studium?

	Völlig unwichtig				Sehr wichtig
Arbeitsinhalt	○	○	○	○	○
Aus-/Weiterbildungsangebot	○	○	○	○	○
Vorgesetzte	○	○	○	○	○
Unternehmenskultur	○	○	○	○	○
Flexible Arbeitszeit	○	○	○	○	○
KollegInnen	○	○	○	○	○
Vereinbarkeit mit Privatleben	○	○	○	○	○
Partizipativer Führungsstil	○	○	○	○	○
Aufstiegsmöglichkeiten	○	○	○	○	○
Hohe Entlohnung	○	○	○	○	○
Möglichkeit von Auslandsaufenthalten	○	○	○	○	○
Unternehmensimage	○	○	○	○	○
Arbeitsplatzsicherheit	○	○	○	○	○
Branchenimage	○	○	○	○	○
Arbeitsort	○	○	○	○	○
Betriebsgröße	○	○	○	○	○
Titel und Status	○	○	○	○	○
Positives Betriebsklima	○	○	○	○	○
Kreative Freiräume	○	○	○	○	○
Hohe Sozialleistungen	○	○	○	○	○
Internationalität	○	○	○	○	○
Teamarbeit	○	○	○	○	○
Sonstiges:______	○	○	○	○	○

Anhang 1: Fragebogen

5. Wie wichtig sind dir folgende Aspekte des Arbeitsinhaltes?

	Völlig unwichtig				Sehr wichtig
Vielseitige Tätigkeit	○	○	○	○	○
Anspruchsvolle Tätigkeit	○	○	○	○	○
Freiräume für eigene Ideen	○	○	○	○	○
Häufige soziale Kontakte	○	○	○	○	○
Anwendbarkeit der "Unikenntnisse"	○	○	○	○	○

6. Welche Unternehmensgröße bevorzugst du?

○ kleines Unternehmen ○ mittleres Unternehmen ○ großes Unternehmen

7. Welche Arten von Weiterbildung würdest du dir in deinem Arbeitsleben wünschen?

○ Fachlich ○ Sprachen ○ Führung ○ Kommunikation
○ EDV ○ Projekt ○ Sozialkompetenz ○ Branchenbezogen
○ Persönlich ○ Sonstiges:____________________

8. Wie wichtig sind dir folgende Aspekte bei der Suche nach einem Arbeitgeber?

	Völlig unwichtig				Sehr wichtig
Reputation des Unternehmens	○	○	○	○	○
Branche	○	○	○	○	○
Reputation d. Unternehmens als Arbeitgeber	○	○	○	○	○
Standort	○	○	○	○	○

9. Hast du dich schon einmal über offene Stellen informiert?

○ Ja ○ Nein

10. Welche persönlichen Quellen hältst du für geeignet, um sich über offene Stellen zu informieren?

○ KommilitonInnen
○ Freunde und Bekannte
○ Berufsberatung
○ Firmenvorträge an der Uni
○ Aussagen vom Lehrpersonal an der Uni
○ Betriebsbesichtigung
○ Informationsveranstaltungen an der Uni, z.B. Messen
○ Beziehungen, z.B. zu Mitarbeitern in betreffenden Unternehmen
○ Erfahrungen durch Ferienjobs / Praktika, u.ä.
○ Selbstständige (telefonische) Direktansprache
○ Meinungen aktueller / ehemaliger Mitarbeiter
○ Sonstiges____________________

11. Welche unpersönlichen Quellen hältst du für geeignet, um sich über offene Stellen zu informieren?

○ Stellenanzeigen
○ Broschüren der Firmen
○ Studierendenzeitungen
○ Unternehmenshomepage
○ Sonstiges____________________
○ Selbstständiges Anschreiben der Unternehmen
○ Schwarzes Brett an der Uni
○ Facebook
○ Internet

12. Wie wichtig sind dir folgende Aspekte bei einem Gespräch mit Firmenvertretern?

	Völlig unwichtig				Sehr wichtig
Sachkompetenz der GesprächspartnerInnen	○	○	○	○	○
Engagement der GesprächspartnerInnen	○	○	○	○	○
Sympathisches Auftreten	○	○	○	○	○
Gesprächs-/ Veranstaltungsdauer	○	○	○	○	○
PR-/ Showeffekt	○	○	○	○	○
Junge BerufseinsteigerInnen	○	○	○	○	○
Sonstiges:___	○	○	○	○	○

13. Welche Aspekte sind dir wichtig bei Informationen über offene Stellen?

○ Anforderungsprofil ○ Kontaktadressen ○ Informationen über das Unternehmen
○ Tätigkeitsbeschreibung ○ Ehrlichkeit

14. Welche Tätigkeiten möchtest du nach dem Studium aufnehmen?

○ Vollzeitstelle ○ Teilzeitstelle ○ Auslandsaufenthalt
○ Trainee ○ Praktikum ○ Zusätzliche Ausbildung
○ Selbstständigkeit ○ Dissertation

15. Welche Branchen bevorzugst du?

○ Automobilindustrie ○ Chemie und Pharmazie ○ Elektrotechnik- und Elektronikindustrie
○ Energieversorgung ○ Entsorgung und Recycling ○ Ernährung
○ Lebensmittel ○ Gesundheitswirtschaft ○ Grundstücks- und Wohnungswesen
○ Handel ○ Holz- und Möbelindustrie ○ Informationstechnik und Telekommunikation
○ Kultur- und Kreativwirtschaft ○ Luft- und Raumfahrt ○ Kredit- und Versicherungsgewerbe
○ Maritime Wirtschaft ○ Maschinen- und Anlagenbau ○ Selbstständig
○ Medien ○ Textil & Bekleidung ○ Tourismus
○ Mineralöl und Spaltprodukte ○ Entwicklungsarbeit ○ Logistik
○ Werbung ○ Spielt keine Rolle
○ Sonstiges:___

Vielen Dank für deine Mithilfe!
Janina Hillenhagen

21028017R00056

Printed in Poland
by Amazon Fulfillment
Poland Sp. z o.o., Wrocław